EL ERROR DEL FRANCOTIRADOR

EL ERROR DEL FRANCOTIRADOR

Roberto Díaz

Número de Control de la Biblioteca del Congreso de EE. UU.:   2015904447
ISBN: Tapa Dura   978-1-5065-0217-5
                   Tapa Blanda   978-1-5065-0216-8
                   Libro Electrónico   978-1-5065-0215-1

Esta es una obra de ficción. Cualquier parecido con la realidad es mera coincidencia. Todos los personajes, nombres, hechos, organizaciones y diálogos en esta novela son o bien producto de la imaginación del autor o han sido utilizados en esta obra de manera ficticia.

Información de la imprenta disponible en la última página.

Fecha de revisión: 26/03/2015

El texto Bíblico ha sido tomado de la versión Reina-Valera © 1960 Sociedades Bíblicas en América Latina; © renovado 1988 Sociedades Bíblicas Unidas. Utilizado con permiso. Reina-Valera 1960™ es una marca registrada de la American Bible Society, y puede ser usada solamente bajo licencia.

Para realizar pedidos de este libro, contacte con:
Palibrio
1663 Liberty Drive
Suite 200
Bloomington, IN 47403
Gratis desde EE. UU. al 877.407.5847
Gratis desde México al 01.800.288.2243
Gratis desde España al 900.866.949
Desde otro país al +1.812.671.9757
Fax: 01.812.355.1576
ventas@palibrio.com
707456

ÍNDICE

HISTORIAS PARA SER CONTADAS.

AGRADECIMIENTOS

Doy gracias a DIOS porque me ha permitido llegar a la edad que tengo, tener una familia unida y llena de amor, poder escribir mis añoranzas, mis penas, mis esperanzas y mis sentimientos

EL BESO A LA AMADA

Vi una chica en la mañana
Cuando a su barrio llegué,
Ella, desde su ventana,
Me miró y yo la mire.

Al día siguiente volví
Caminando lentamente,
Miré a la ventana y vi
A la chica nuevamente.

Cruzamos nuestras miradas
Igual que el día anterior
Y en sus mejillas rosadas
Se le reflejó el rubor.

Muy temprano me arreglaba
Cada día de la semana
Y ella siempre me esperaba
Asomada a la ventana.

En silencio le pedía
A nuestro DIOS soberano
Que me permitiera un día
Tomar su mano en mi mano.

Pero de alguna manera
Una paloma sirvió
Como una fiel mensajera
Que al fin nos comunicó.

En sus paticas cargó
El mensaje cada día
Ella sabía que yo
También le correspondía.

Sus labios en un papel
Con sus besos me pintaba
Y, como si fuera su piel
También yo, el papel besaba

Yo le pregunté si un día,
Sin poner metas ni plazos
Por nuestro amor yo podría
Estrecharla entre mis brazos.

Me escribió en fino papel,
Lo que me alegró en exceso
Que muy pronto iba a poder
En sus labios darle un beso

Pasó luego una semana
Sin ver a la dama hermosa
Y triste, cada mañana
Yo deshojaba una rosa..

Una mañana, el aroma
De un perfume delicado
Llegó en forma de paloma
Con el mensaje esperado.

En el papelito había
Una dirección escrita
Y la hora en que debía
Llegar a la ansiada cita.

Salí con mucha emoción,
Y al llegar, miré temblando
Un féretro en el salon
Y mucha gente llorando.

Así, adolorido entré
Con el alma desgarrada
Al féretro me acerqué
Y le di el beso a mi amada.

EL CIRCO

En el circo hay alegría
El público se divierte
Y se enfrenta cada dia
El domador a la muerte.

El trapecio allá en lo alto
Donde espera el hombre fuerte
Que debe parar el salto
De quien juega con la muerte.

Y allá está el equilibrista
Sobre un alambre de acero
¡Danza en la cuerda el artista!
Y se asombra el circo entero.

Se agita el circo… se agita
Como volcán en acción
El público aplaude y grita
De júbilo y emoción

Y el mago… a veces mujer
Que también es gran artista
Y hace desaparecer
Las cosas a nuestra vista.

Vienen los chicos traviesos,
Los que hacen las contorsiones,
Parecen no tener huesos
Solo músculo y tendones.

Pero existe un personaje
El cual no puede faltar
Que utiliza un raro traje
Que nadie mas quiere usar.

Este puede hacer cambiar
Hasta al que pueda sentir
El mas grande malestar
Y también lo hará reir.

Muchos a calmar sus penas
Van al circo, aunque de paso,
Y se quiebran sus cadenas
Con la actuación del Payaso

Cuentan que el Payaso un día
Cansado de estar fingiendo
Gritó mientras se reía
¡No ven que me estoy muriendo!

¿QUIÉN SE ACORDARA DE MI?

Se pierde en el espacio la mirada
y en lo infinito buscamos el comienzo,
para nuestros ojos, allá no existe nada
y existe solamente lo que pienso.

Y que me importa lo que hay en lontananza
que me importa otro planeta semejante,
si la vida que tengo no me alcanza
para mirar lo que tengo aqui delante.

Dejo a los científicos la excelsa gloria
de descubrir nuevas estrellas y otros soles
si pronto ya de mi, no habrá memoria
y dejaré en este mundo, mis dolores.

Otra cosa no dejaré pues soy muy pobre
quizás una que otra, humilde poesía,
y espero que de cierto modo, alguna obre,
para que de mi, se acuerden algún día.

No soy intelectual, soy un profano
que intentó ser poeta de ocasión,
que quiso caminar con los poetas de la mano
para terminar sin ventura en un rincón

Y quien se acordará de mi, si nada lego
pues no dejaré fortuna que testar
y a dejar este mundo no me niego
es mas, será mi mejor modo de escapar.

MIS VERSOS

Quieren mis versos brotar
por que si no, se deshacen
y necesitan volar,
pero duelen cuando nacen.

Por que casi siempre son
hijos de un dolor tremendo
¡Ah! versos pidan perdón
para que sigan viviendo.

Pues casi siempre reflejan
algún dolor, que nos llena
y siempre el alma nos dejan
abatidas por la pena.

¡Ah!, verso, te conocí
en medio de mi dolor
y siempre estás junto a mi
esperando un nuevo amor.

Y a veces despedazado
quizás medio moribundo,
busca el verso esperanzado
su alma gemela en el mundo.

Pero no hay alma gemela,
toda persona es distinta
solo sucede en novela,
escrita con pluma y tinta.

Para el amor no hay razón
no tiene que ser gemelo
por que si es del corazón
también lo bendice el cielo.

EL POETA

No somos recomendables los poetas
nuestra vida generalmente, es tormentosa
somos como un baúl de ideas secretas,
que se guardan en el alma y nos destroza.

Acumula el poeta, el sufrimiento
pero feliz, comparte con el mundo, su alegría
sabe esconder con tristeza el sentimiento
de dolor que lo mantiene en agonía.

Puede el poeta entregar, aunque no tiene,
pues quien le pide, seguro está necesitado
y entiende que aquel que a su presencia viene
es que otros ya, el favor se lo han negado.

No se oculta ni se apropia de palabra ajena,
no se defiende de la injusticia que lo abusa
calla ante el débil adversario y siente pena,
pues no hay un ápice de verdad en quien lo acusa.

Con tormentas y relámpagos fue hecho,
con dardos venenosos de matarlo tratan
pero el poeta que tan amplio tiene el pecho
ya las flechas que lo hieren no lo matan.

Sufrimos aun después que otros olvidan
mantenernos fiel a la amistad, nuestro cariño
dispuestos siempre a entregar lo que nos pidan
y en un final, cada poeta es como un niño.

OLVIDO DE LO VIVIDO

A mi mismo yo me digo
cuando me miro al espejo,
-yo seré como ese amigo,
el día que me vuelva viejo.

Pues no soy yo quien me mira
desde el fondo del cristal,
eso no es cierto, es mentira,
yo no puedo estar tan mal.

El asogue que hay detrás
de ese nefasto cristal
es un envidioso más
que quiere causarme mal.

Del baño voy a quitar
la mesa con el espejo
y todo lo que pueda dar
el mas mínimo reflejo.

Quizás yo vaya a una fuente
de agua pura y refrescante,
y en el agua transparente
se vea fiel, mi semblante.

¿Y que pudiera lograr
si eso no tiene sentido?
si es que no pudo borrar
los años que ya he vivido

Porque, por mas que yo trate
de escaparme, no hay maneras,
y el tiempo da jaque mate
lo quieras o no lo quieras

Y es que tengo que vivir
y dejar de soñar mas,
por que yo empecé a existir
setenta años atrás.

La vejez no se demora,
echo a un lado sueños rotos,
yo soy el que soy ahora
y no el de las viejas fotos.

EL ODIO NO ES VERDAD

Algo dentro de mi, se hizo pedazos
Sufre mi alma, deshecha de dolor
Parte de mi vida se quedó en tus brazos
Siento la tristeza de tu perdido amor.

Nada consuela el corazón que un día
Entero te entregara, y sin embargo
No pensó mi corazón en la agonía
Al llegar este momento tan amargo.

Con nadie compartir, mi dolor puedo,
Es mío y solo mio el sugrimiento
Y aunque tanta soledad me causa miedo
Por el mundo vagaré sin un lamento.

Nadie podrá decirte que he llorado,
Ni verán jamás la huella de la herida
A nadie contaré cuanto te he amado
Y que contigo dejo parte de mi vida.

Nunca odiarte podré, no es mi manera
De demostrar lo mucho que en mi vida fuiste
Pues cuando se quiere de forma tan sincera
El odio no es verdad, por que no existe.

Y a la gente, ¿qué le importa mi vida desolada?
O que pueda caminar con rumbo incierto
Si acaso me preguntan, diré – no siento nada,
Y aunque ría por fuera, por dentro estaré muerto.

MIS ANGUSTIAS

Mucho daño te he causado, ha sido tanto,
Me lo dicen de tus ojos su expresión
Cáigame sobre el alma el negro manto
Del desprecio que merezco y no el perdón.

Después de tanto amor haberte prometido
Y de tanta felicidad querer colmarte
La soberbia de mi egoismo ha destruido
El altar en el cual, quise adorarte.

¿Por qué, si tan amado me sentía,
Si nunca para ti, tuve reproches,
Por qué mi Dios he convertido el día
En la mas larga y oscura de mis noches?.

Se que no hay perdón para quien clama,
Después de un crimen, cometer indiferente
Solo merece agonizar sobre la llama
En la cual quiso quemar una inocente.

Consumirse lentamente en su calor,
Sentir el fuego atroz, en que se quema vivo
Sacar de sus flaquezas el valor
Que no tuvo en el momento decisivo.

Hoy te vi y tu mirada me condena
Me sentí cual gusano, repugnante,
No había odio en tus ojos, quizás pena
Y comprendí que estabas muy distante.

Que generosa fuiste, lo comprendo,
Quisiste perdonar mi honda torpeza
Se que es muy tarde, pero humilde vengo
A inclinar ante tu rostro, mi cabeza

Yo no vengo a pedir que me perdones
Por lo indigno que fui, no te lo pido
Mia fue la culpa y tienes mil razones
Para condenar mi falta con tu olvido.

Siempre en mi cuarto guardaré un lugar
Donde pueda soñar tu imagen tan amada
Y cuando no tenga lágrimas para llorar
Le confiaré mis angustias a mi almohada.

LA MUJER AMADA

Sobre la mesa de familia un día
Con mi madre y mis hermanos reunidos
Mirábamos curiosos la fotografía
De parientes, amigos y desconocidos.

Una foto de mujer atrajo mi atención
Por sus ojos de tan bellos que asombraban
Sentí con tanta fuerza latir mi corazón
Que pensé que aquellos ojos me miraban.

Observé con vehemencia aquel retrato
Le dije con mis ojos que no la olvidaría
Quizás fue un minuto, pero fue tan grato,
Que aun recuerdo aquel momento todavía.

Escondí junto a mi corazón la misteriosa foto
Pues ese para siempre, su lugar sería
Y algo de lo profundo, de lo ignoto
Me obligó a jurar que yo la encontraría.

Esa noche me acosté, mas no dormía
Aquellos ojos me miraban suplicantes
Los pulposos labios con tristeza abría
Y las palabras se escuchaban muy distantes.

Soñé mucho aquella noche… y yo soñaba
Que a la bella de la foto encontraría
Pensé que en la distancia me esperaba
Pues seguro que también me presentía.

Angustiado en la mañana desperté
Una pregunta mi cerebro me golpeaba
¿Por dónde empezaré a buscarla si no se
Ni aun siquiera quien era, o se llamaba?

Sobre mi pecho aquel retrato descansaba
Y con inmenso amor mis dedos lo palpaban
Mi cerebro entorpecido se apagaba
Y mis fuerzas cada vez me abandonaban.

Caminé de un pueblo a otro sin cesar
En cada rostro femenino sus ojos yo buscaba
Exhausto el cuerpo, pregunté en cada lugar
Sin saber que, cada vez mas cerca estaba.

Una noche mas… triste pasaba y luego el día
Y buscar sin desmayar y preguntar por ella
Pero como Penélope en mis sueños persistía,
O como el poeta que se inspira en una estrella

Pensar en ella mi cuerpo alimentaba
Aunque mi estómago, casi nada recibía,
Muy lejos de mi hogar ya me encontraba
Y mi familia, de mi, nada sabía.

Tal vez pensé morir en el intento vano
De encontrar la dulce amada de mi sueño
En mi búsqueda solitaria, ni una mano
Me ayudó para lograr aquel empeño.

Los dolores en las piernas me azotaban
Pero subí, de un portal, los diez peldaños
Toqué a la puerta sin saber que celebraban
De una anciana, sus setenta cumpleaños.

Al ver mi estado lamentable y angustioso
Hasta una hermosa terraza, me llevaron
Me dieron a comer un plato apetitoso
Y la razón de mi vida preguntaron.

Les mostré con orgullo la foto de mi amada
Les hablé de mi amor deseperado y loco,
De mi búsqueda tenaz, sin hallar nada,
Por cuya razón a cada puerta toco.

Al ver la foto, con asombro se miraron
Y trajeron otra pues quisieron ver
Si era posible lo que imaginaron
Y las fotos eran, de la misma mujer.

Y la anciana que la fiesta disfrutaba
Escuchó un mensaje que le trajo el viento
Y al llamado acudió, pues esperaba
Por años, que llegara este momento.

La anciana me miró con agrado y avidez
Los corazones de los dos, nos palpitaban
Pero no fue aquella, la primera vez
Que nuestros ojos, en la distancia se miraban.

Su venerable rostro con amor miré
Cuarenta años separaban nuestras vidas
Sin embargo, en sus ojos ajados contemplé
La misma mirada que sanó mis heridas.

Contemplo sus ojos y mi angustia evoco
Los años de peregrino deambular buscando,
Ella es la fuente de este amor tan loco,
Por ella he vivido seis años soñando.

Y ahora que la tengo aqui presente
La diferencia de edad no me provoca
Por un minuto nos miramos frente a frente
Y la abracé con fuerza… y LA BESE EN LA BOCA.

ABUELITO, ¡DAME UN BESO!!

Padre, que grande es tu amor
Que pones todo tu empeño
En hacer crecer la flor
Que de niño fue tu sueño.

Cada cual cuando pequeño
Soñó con ser padre un día
Y ver el rostro risueño
Del ángel que le nacía.

Y que gran felicidad
Cuando adultos encontramos
Que se vuelve realidad
Lo que de niños soñamos.

Y se nos llena el hogar
De risas del pequeñuelo
Que aprendiendo a caminar
Da un paso y se cae al suelo.

Entre caricias y mimos
Pasa el tiempo sin demora
Si el niño ríe, reímos
Y lloramos cuando el llora.

Padre, que grande es tu nombre
Y que bello tu cariño
Que siendo tu hijo un hombre
Para ti siempre es un niño.

¡Ay!, la vida se nos fuga,
En tanto que el niño crece
El rostro se nos arruga
Y nuestro pelo encanece.

Y siempre al final nos pasa,
Que viene un nené travieso
Y dice mientras te abraza,
¡ABUELITO … DAME UN BESO!

SI VES MI VERSO CANSADO

A nadie quiero engañar
Y en ello pongo mi empeño
Y cuando no debo amar
Hago de mi amor un sueño.

Yo prefiero la bondad
Y no rompo un corazón
Es mejor una amistad
Que una infeliz relación.

Yo no quiero deshojar,
La flor que a la vida empieza
Y se pueda marchitar
Mutilando su belleza.

Por que no tengo el derecho
De alentar una pasión
Que me haga vibrar el pecho
Si destrozo un corazón.

Si me enamoro algún dia,
Lo vuelvo un sueño dorado,
Lo vivo en mi fantasía
Y lo mantengo callado.

Si ves mi verso cansado
Es que sufro sin medida
Por que en cada verso he dado
Un pedazo de mi vida,.

ERES RIO EN PRIMAVERA

Mujer, cuando yo te miro
Al contemplar tu belleza
Me convierto en un suspiro
Me da vueltas la cabeza.

Estando solos los dos
Cuando te miro parece
Que se me quiebra la voz
Y el alma se me estremece.

Son tus ojos un tesoro
Tu boca es boca de diosa
Y tu piel que tanto añoro
Te hace mucho mas hermosa.

Eres río en primaveras
Que corres entre montañas
Dos lagos son tus caderas,
Yo soy la orilla que bañas.

Si yo quisiera expresar
Cuan grande por ti es mi amor
No alcanza el inmenso mar
Ni basta la luz del sol.

Y aqui tienes al poeta
Delante de ti, rendido,
Te ama tanto y te respeta
Y habla contigo dormido.

En mi sueño eres clamor,
De voces en armonía
En sueños me das tu amor
Y yo a ti la vida mia.

Mis pensamientos dispersos
Entonas cual sinfonía
Tu boca, inspira mis versos
Tu cuerpo, es mi poesía.

RECOMPENSA

Para ti mis versos son
Leélos poquito a poco
Me salen del corazón
Y me tienen medio loco.

Si es de tu agrado y te ves,
Pintada en mi poesía,
Solo quiero que me des
Un beso grande alma mía.

Y solos los dos… en calma
El beso tu me lo pides,
Un beso que llegue al alma
Para que jamás me olvides.

A NINO BRAVO

Hay hombres que nunca mueren
por que viven en la historia,
y es que los pueblos prefieren
guardarlos en su memoria.

Nino Bravo, es precursor,
de una voz, que es torbellino,
y en su paso arrollador,
nos marcó un nuevo camino.

Cúantos quisieran tener
aquella voz, no lo dudes,
voz que solía encender
de fiebre a las multitudes

La vida es breve y nos llega
la partida en un instante,
pero es que el mundo se niega
a perder aquel gigante.

El nunca se marchará,
España, es su territorio
por que Nino Bravo está
presente … en este auditorio.

LEVANTATE Y ANDA

Cómo llevas la vida?, te pregunto,
acaso te afana el devenir conciente?
arremetes contra la vida hasta este punto
en que dejas de vivir en el presente?.

Vives pensando acaso en lo que mal hiciste?
sin percatarte que el pasado, es eso mismo,
no podrás recuperar los años que perdiste
ni podrás ascender desde el abismo.

Que el pasado no te nuble el pensamiento
pues revertir lo que hiciste no podrás,
ningún beneficio lograrás con el lamento
y anclado a tus remordimientos quedarás.

Como nada podrás cambiar de tu pasado,
como punto de apoyo usa el presente
pues trabajar para el mañana es lo adecuado
y compórtate con tus principios consecuente.

Nada de lo que hiciste mal, vuelvas a hacer
pues de hacerlo, es que no estás arrepentido
y volverás al camino que dejaste ayer
y lo bueno que hubo en ti, se habrá perdido.

Levántate sobre el horno que aun flamea,
donde quemar debiste tus pasadas cuitas
muéstrate victorioso y que el mundo vea
a la persona alegre deshojando Margaritas

LA SOLEDAD DE LA LUNA

Me pregunto, desde cuando
con su soledad discreta,
está la Luna alumbrando
la inspiración del poeta.

Ella que nació algún día,
allí no sopla ni el viento,
no tiene genealogía
ni fecha de nacimiento.

Ella en el cielo flotando
y desde su humilde tribuna,
un ciego dijo llorando,
mi Dios, quiero ver la Luna.

Es tan fría como el polo
sin compañía ninguna,
yo también me siento solo
tan solo como la Luna.

CON LA INOCENCIA DE AYER

Cuando niño, yo pensaba
Que el mundo me sonreía,
Cualquier cosa me alegraba,
Y con el tiempo, crecía.

Era mi mundo pequeño
Un mundo de fantasia
Todo no fue mas que un sueño
Y pronto despertaría.

No tuve un amigo fiel
Y al final de la jornada
Desperté del sueño aquel
Con mi inocencia aplastada.

Pero a Dios, gracias le doy
ÉL no me deja caer
Hoy sigo siendo quien soy
Con la Inocencia de ayer.

TRISTE ESTA MI CELULAR

Triste está mi celular
y con dolor me reclama,
que con nadie quiere hablar
si no eres tu quien lo llama.

Triste está mi celular
desde que tu estás ausente,
ha dejado de sonar
y se apaga lentamente.

Triste está mi celular,
yo nunca lo he visto así,
y yo puedo adivinar
que su tristeza es por ti.

Triste está mi celular
pero decirte yo debo,
que se va a recuperar
cuando tu llames de nuevo,

Roberto Díaz

CUANDO SE MARCHA CUPIDO

Cuando se marcha Cupido
queda un corazón marcado,
pero si es triste el olvido
mas triste el amor callado.

Ese, en el que se te va la vida
y aunque cada día crece,
pero no encuentra salida
por que no te pertenece.

Ese, que no puedes evitarlo,
que se lleva entre cadenas,
si luchas para olvidarlo
mas se te clava en las venas.

Ese, no tiene fronteras
ni represa que lo tranque,
crece como las palmeras,
y no hay viento que lo arranque.

Ese, me mantiene vivo,
y me hace llorar de dolor,
ese, con sangre lo escribo
y se queda en borrador.

COMO SOMOS LOS CUBANOS

¿Cómo somos los cubanos?
¿qué mezcla existe en nosotros?
¿quiénes son los mas cercanos
que influyen mas que los otros?

¿Acaso los siboneyes
su sangre nos aportaron?
¿o descendemos de reyes
que de Europa nos llegaron?

También la sangre africana,
con sus dolores y penas
y hasta del Asia lejana
corre sangre en nuestras venas.

Ningún continente habría
quedado sin aportar,
y la sangre de Oceanía
también llegó a este lugar.

De los cinco continentes,
nuestro cuerpo, sangre porta,
del mundo somos dolientes,
y al mundo nada le importa.

Los cubanos son así
de la verdad somos reo,
somos mezcla de Martí,
de Gómez y de Maceo.

Nos gusta la libertad,
compartir lo que tenemos
y nos mata la ansiedad
cuando asediados nos vemos.

Cuba cayó en malas manos
en aquel nefasto enero
y hoy millones de cubanos
vagan por el mundo entero.

Asi por el mundo andamos
y al continente, quizás
del cual tal vez procedamos,
quinientos años atrás

Y aquellos que tristemente
no se han podido escapar
viven hoy muy pobremente
sin dinero y sin hogar.

LA DIVA INFANTA

En Navajoa nació,
la niña que hizo derroche
de arte y que paralizó
a México en una noche.

¡Dios mío! quien escuchó
la voz de esa diva Infanta
que a todo el mundo dejó
con un nudo en la garganta.

Fue una noche de emoción
y en cada hogar ese día,
frente a la televisión
lloró el pueblo de alegría.

Bendecida ha sido ya,
y con su pequeña figura,
su voz pronto inundará
el éter con su frescura.

Irlanda, ese es su nombre
y es bendecida por Dios
para que el mundo se asombre
cuando escuchemos su voz.

De los Pequeños Gigantes
nos queda la mejor parte,
por que allí nacen Diamantes
de la música y del arte.

Dejaste al mundo asombrado
con tu talento y tus dones,
¡¡Irlanda!!, tu te has ganado
el corazón de millones.

DE CENICIENTA A PRINCESA.

Quiero de la fantasía
traer a la vida real
la historia que día tras día
nos la solían contar.

Mi madre, cuando pequeño
me contaba historias bellas
que me quitaban el sueño,
y aun recuerdo muchas de ellas

Érase una niña esclava
de una madrastra celosa,
la vieja mala la odiaba
pues era la mas hermosa.

Dos hermanastras tenía
y eran feas las doncellas
la envidia se las comía
pues querían ser mas bellas.

La vida la maltrataba
la chica mucho sufría,
pues la vieja la obligaba
y en la cocina dormía.

A la calle no salía,
y vivía prisionera
pues la vieja no quería
que ningún joven la viera.

Había un Rey en el lugar
con un hijo casadero
el cual lo iba a heredar
si se casaba primero.

El príncipe no sabía
del amor del corazón
le dijo al Rey que quería
dar un baile en la mansión.

Citó a todas las doncellas
del pueblo y del reino aquel
y escoger de las mas bellas
la que le gustara a él.

La madrastra se enteró
de la fiesta en la mansión
y a sus hijas preparó
para llamar la atención.

A sus hijas se llevó
a la fiesta caminando,
y a Cenicienta dejó
en la cocina fregando.

Mas vino un Ada Madrina
y la vistió de princesa
y se veía divina
de los pies a la cabeza

Llegó a la fiesta en carroza,
y nadie se daba cuenta
que esa chica tan hermosa
la llamaban Cenicienta.

Dejó preparado el coche,
pues Cenicienta sabía
que a las doce de la noche
su encanto terminaría.

Cuando el Príncipe la vio
se asombró de un modo tal
y a la joven se acercó
para invitarla a bailar.

De belleza hizo derroche
no dejaron de bailar,
pero al llegar media noche
se tuvo que retirar.

Tuvo que emprender la huida
y nada pudo explicar,
pero perdió en la partida
un zapato de cristal.

El Príncipe acongojado
corrió y no la pudo ver,
y se retiró enojado
sin saber lo que iba a hacer.

Al día siguiente buscó
por todo el reino un buen rato,
pero a ninguna encontró
que le sirviera el zapato.

Un hombre al Príncipe viene
y dice - ¿qué le parece?,
se de una joven que tiene
un zapato igual que ese.

-¿Eso es cierto, no me miente?
yo se lo puedo pagar,
dígame inmediatamente
dónde la puedo encontrar.

-Es una ciudad lejana,
se llama San Nicolás,
en la campiña cubana
y allá te la encontrarás.

- ¿San Nicolás?, ¿dónde es eso?
- es en Cuba amigo mío,
- hoy mismo el mar atravieso
y en encontrarla confío.

No se acobarda jamás
va a Cuba en una patana,
Y llegó a San Nicolás
de Bari en una mañana.

Reunió a muchas doncellas
y el zapato les probaba
y entre aquellas chicas bellas
a ninguna le ajustaba

Alguien dijo, - ¡falta una!
- si quiere verla camine,
como ella no hay ninguna,
vive muy cerca del cine.

- Está bien, pero iré yo,
tomó el príncipe una rosa,
tocó a la puerta y le abrió
una joven muy hermosa.

Ella al verlo sonrió,
¡¡era muy bella la moza!!
mas bella que las que vio,
y él le regaló la rosa.

Él, con inmensa emoción
después de darle la rosa
le dio un vuelco el corazón
al ver los pies de la hermosa

Con nerviosismo y con prisa
el zapato le mostró,
ella con una sonrisa
de soslayo lo miró.

El Príncipe preguntó,
- ¿te lo pudieras probar?
y a Isabeliz le sirvió
el Zapato de cristal.

La vida se nos presenta
con luchas y con dureza
y aunque no fue Cenicienta
Isabeliz si es Princesa.

MI TRISTEZA

Estoy triste, por favor,
En realidad estoy triste
Pienso en un mundo mejor
Pero ese mundo no existe.

Existe mucho egoismo
Ambición desmesurada
Solo me importo yo mismo,
Lo ajeno no importa nada,

Ya no veo el lado Bueno
Que antes tenía de humano
No duele el dolor ajeno
Pues nos parece lejano.

¡Hay que pena!, se ha perdido
Practicamente el amor,
Se ha quedado en el olvido
De un mundo que era mejor.

EXTRANJERAS PLAYAS

Desde extranjeras playas la mirada
se eleva cual clamor mirando al cielo
se pierden nuestras voces en la nada
y nos nacen raíces, en extraño suelo.

Bajo otras nubes nos llega descendencia,
nuevas generaciones con idiomas nuevos
se desgajan del tronco por la ausencia
y dejarán de ser nuestros, los mancebos*.

Que ha pasado en la mayor de las Antillas
¿Porqué tanta dispersión de los cubanos?,
¿porqué nos llenaron el alma de rencillas?
¿porqué tan lejos si estamos tan cercanos?

Por la locura de un hombre padecemos,
por la inercia de los demás, que nada hicimos
por los que se arrimaron y los que volvemos,
por la indolencia del mundo en que vivimos

¿Qué grandeza en un hombre puede haber,
cuando vivir eternamente es imposible,
si en el universo infinito, que podemos ver
nuestro planeta desde el espacio es invisible.

MORIR DOS VECES

Las cosas que mi corazón decirte ansía
No hay palabras que las puedan traducir
Ni lo que yo siento se puede repetir
Ni se puede expresar en poesía.

Solo mis ojos son capaces de expresar,
El volcán que por dentro me consume
Y lo que siento en la mirada se resume
Por el dolor de tenerme que callar.

Miro al mundo, feliz, que se divierte
Y quisiera en su su alegría contagiarme
Y aunque río y feliz quiero mostrarme
Me duele el corazón por no tenerte.

Me entristece, mujer, saberte ajena.
Pero me hace feliz el poder verte
Yo, que muy cerca estuve de la muerte
Hoy me siento esclavo de esta pena.

Si para salvarme a mi, tu vida ofreces,
He de ser yo quien muera, vida mía
Y solo una vida, de las dos yo perdería,
Por que si mueres tu… yo moriré dos veces.

Roberto Díaz

LAS HUELLAS DE NUESTRO AMOR

Tu carta fue mi alegría
De sumo y grato placer
Y en mi mansa poesía
Te lo quiero agradecer.

Pero en ella me decias
La quemara al terminar
Y aunque tu me lo pedias
Yo no la pude quemar.

Escrita con tanto amor
En ella vi tu pasión
Cada frase era una flor
Que me llenó el corazón

La rompi por complacerte
Pues de conservarla era
Mi oportunidad de verte
Cada vez que la leyera.

Los pedacitos lanzaba
A la calle con dolor
Y en cada uno quedaba
Un pedazo de mi amor.

Fue tu carta la mas bella
Llena de un tierno candor
Y en toda la calle aquella
Hay huellas de nuestro amor.

Estás en mis pensamientos
Y no te apartas de mi
Y son raros los momentos
Que no estoy pensando en ti.

Siento como un torbellino
Que me deja sin aliento
Pero no quiere el destino
Que grite lo que yo siento.

Para mi estaba guardado
Tu amor, delicado y tierno
Lo mantendremos callado
Y asi lo haremos eterno.

VEINTE AÑOS OTRA VEZ

No es posible describir,
Tu extraordinaria hermosura
Sin que me hagas sentir
Envuelto en una locura.

Lo que mas me maravilla
Al mirarte atentamente
Es tu belleza, chiquilla
A todas, tan diferente.

Para describirte insisto,
Desde los pies al cabello
Ninguna mujer he visto
Que tenga un cuerpo tan bello.

Ni un rostro como es el tuyo
Ni una voz de dulce acento
Que se torna en un arrullo
Como de palmas al viento.

Tus ojos están guardados
Por dos pétalos de rosa
Tus labios fueron formados
Por alas de mariposa.

Puedo amar tanta belleza
Como nadie mas lo haría
Puesto que mi amor empieza
Donde otro terminaría.

Yo se que no te convengo
Ni despierto tu interés
¡Dios mío!, por que no tengo
Veinte años otra vez.

Pero Dios me da la calma
Necesaria cada dia
Para entender que mi alma
No envejece todavía.

Entonces te miraré
Como detrás de un cristal
Y en sueños convertiré
Este imposible ideal.

ALMA DE AMOR Y FIEREZA

Soy el poeta certero
Que espera dia tras dia
A fuerza de ser sincero
Verte llegar…Alma mía.

Espero un dia tener
De ti… una fotografía
Pero mas quisiera ver
Tu cara unida a la mia.

Sentir tu respiración
Que con ardor me provoca
Pegarme a tu corazón
Unir mi boca a tu boca.

Ver tu belleza agresiva
Atacando mi razón
Tu mirada es llama viva
Que hace arder mi corazón.

Se adivina que te sientes
Femenina hasta el exceso
Alma de ojos transparentes
Labios hechos para el beso.

Tus cabellos sin control
Ante el viento se rebelan
Como un tornado de sol
Que sobre tus hombros vuelan.

Mis ojos, asi te ven
Alma de amor y fiereza
Y por que vales por cien
Me rindo ante tu belleza.

ASI ES ROXANA

Como río en el desierto
Como sendero en el monte
Como nave en mar abierto
Como al silencio el sinsonte.

Como luz en plena noche
Como agua para el sediento
Como al caminante un coche
Como el pan para el habriento.

Como al triste la sonrisa
Como al miedo es el valor
Como a la calma la prisa
Como al odio es el amor.

Como a la espina es la rosa
Como a la noche es el dia
Al jardín la mariposa
Y al dolor la poesía.

Ella es una aparición
Que irradia una fuerza ignota
Ella es una bendición
Derramada gota a gota.

Ella es el ave que quiso
Hasta el cielo azul volar
Se posó en el paraiso
Y no quiere regresar.

Desde mi humilde rincón
En silencio yo la miro
Y se me va el corazón
Entre suspiro y suspiro.

Como el cielo y sus estrellas
Como brillante mañana
Como las joyas mas bellas
Asi es de linda Roxana

SI ME PREGUNTAN UN DIA

Como una noche estrellada
Que se va cada mañana
Asi te vas escapada
Desde mis sueños, Roxana.

Eres bella y tan sencilla
Como un pétalo de rosa
Te hicieron cada mejilla
Con alas de mariposa.

Cuando sonríes parece
Que todas las aves cantan
El bosque al viento se mece
Y los dormidos se levantan.

La noche tiene su orgullo
Mas lo pierde en la mañana
San Nicolás tiene el suyo,
Que nunca pierde, es Roxana.

A Dios le pido que un día
En premio por su belleza
Le transfiera mi alegría
Y a mi me de su tristeza.

Siento angustias, no resisto
Ver marchitarse las flores
Y le pido a Jesucristo
Que cargue con sus dolores.

Sonríe… vamos de prisa
Por que hace falta el calor
Y es que tu hermosa sonrisa
Le da energias al sol.

Si me preguntan un dia
Que hay mas bello que una estrella
Sin dudas contestaria,
- Roxana, es mucho mas bella.

MIS FANTASIAS

Soñando en mi fantasía
Desde una nube lejana
Escribí esta poesía
Para mi amada Roxana.

¿Quieren saber como es
Esa que olvidar no puedo?
Desde el cabello a los pies
De tan bella me da miedo.

Un miedo que no podría
Con palabras explicarme,
Miedo de no verla un dia
O que no quiera mirarme.

Es una musa encantada
Ella perfuma la brisa
Y se que no existe nada
Tan dulce como su risa.

En ella hay tal resplandor
Que da luz en las mañanas
Su rostro… obra de un pintor
Su voz… tañer de campanas.

Pienso en su breve cintura
Y pensando me desvelo
En su hermosa dentadura
Y sus labios de terciopelo.

Creo en DIOS, de veras creo
Y ni a DIOS ni a ella engaño
Y desde que no la veo
DIOS sabe cuanto la extraño.

¡DIOS mio!, a tus pies me postro
Y te ruego en tu bondad
Muéstrame en sueños su rostro
Y luego hazlo realidad.

Mira que en mi lejanía
Llagas me causa el dolor
Sin comprender todavía
Cuanto me duele este amor.

Pregunté a una mariposa
Que libaba en una flor
Me dijo – DIOS la hizo hermosa
Para darle envidia al sol.

CON SOLO PENSAR EN TI

Dentro estas de mis ideas
Y pensamientos dispersos
Te hago éstos para que veas
Que en ti yo pienso hasta en versos.

Es tu sonrisa un caudal
De agua pura y cristalina
Y de las flores del rosal
Eres tu la mas divina.

Contemplando el mar inmenso
De tu profunda mirada
Creo que si en ti no pienso
No quiero pensar en nada.

Son tus labios verdaderos
Manantiales que suspiran
Y tus ojos dos luceros
Que dan luz adonde miran.

Alivio que llevo en mi
Que cuando estoy en penumbras
Con solo pensar en ti
Asi mis noches alumbras.

AL APOSTOL DE CUBA

Hay una hermosa labor
De la que el Apóstol nuestro
Dijo – Y me hice maestro
Que es hacerse creador.

El maestro es forjador
Del espíritu y del alma
Trabaja con brío y calma
Y sobre todo con amor.

Da el maestro lo mejor
De su vida al niño ajeno
Y se convierte de lleno
En padre y educador.

Siente el maestro el placer
Y es muy grande su alegría
Al ver como dia tras dia
Aprende el niño a leer.

Cada nueva promoción
Implica una despedida
Como paloma que anida
Y ve marcharse al pichón.

Y con profunda emoción
Despide al alumno bueno
Y se va con el niño ajeno
Parte de su corazón.

UN CONSEJO SANO

Se de un caso doloroso
De quien me reservo el nombre
Es alguien que ama al esposo
Y ama también a otro hombre.

Desde que el humano existe
También existe el pecado
Y lo mas cruel y mas triste
Es ver caer al honrado.

Si no lo haces por maldad
Eres solo .... la siguiente
Puesto que en la actualidad
Eso lo hace mucha gente.

La vida se desperdicia
Y el amor se va acabando
Cuando un hombre te acaricia
Y en el otro estás pensando.

El pecado es traicionero
Y tras perder la ilusión
Llega mas tarde un tercero
Que te roba la atención.

Eso te lleva a un estado
De abulia y melancolía
Y llega un momento dado
En que el amor se te enfría.

Para quien no vive en DIOS
El engaño no le apena
Y no importa tener dos
O quizas una docena.

Roberto Díaz

Perdóname si te digo
Algo que quizás te hiera
Pero pienso que tu amigo
Es una nuve viajera.

No importa su juramento
Aunque lo quieras creer
Eso se lo lleva el viento
Y él se busca otra mujer

Yo también pasé por esa
Te lo digo como amigo
Y al final lo que mas pesa.
Fue, quien se casó contigo.

El te demostró su amor
Desde el momento preciso
Que como hombre de honor
Cumplió con su compromiso.

¿Acaso se te olvidó
Lo enamorada que estabas
En día en que declaró
Lo mucho que le gustabas?

Si es que amas a tu marido
Retenlo siempre a tu lado
Por que un amor compartido
Termina despedazado.

Pero lo peor de todo
Si cometes tal desliz
Jamás hallarás el modo
De volver a ser feliz.

Yo te recomendaría
Si quieres la paz y el gozo
Olvida al otro hija mia
Y conságrate a tu esposo

A MI HIJA AGALYTA

La vida solo asegura
Que luchar es la razón
Pero la vida es tan dura
Que te oprime el corazón.

La justicia es un farol
Que descubre la malicia
Pero he visto bajo el sol
Lo injusta que es la justicia.

Mi hija fue la mejor
De su escuela en sexto grado
Pero el mérito al honor
A otra alumna fue otorgado.

La calificaron mal
En una prueba una vez
Y después de reclamar
Tuvieron que darle diez.

Y ya graduada al final,
Esto, con dolor lo digo
Su plaza en el hospital
Se la dieron a un amigo.

Nunca me sentí peor
Se despertó en mi la fiera
Y le dije al Director,
- La Plaza o lo espero afuera.

Su temor se hizo notar
Al verme de tal manera
Me dijo – no hay que pelear
Que escoja lo que ella quiera

Hija, el valor te ha sobrado
Y la lucha fue la vía
Para alcanzar lo alcanzado
Pero falta todavía.

Yo se que DIOS te premió
Por ser humilde y sencilla
Un gran esposo te dio
Y dos hijos de maravilla.

Hoy cumples años hijita
Por eso en mi poesía
Que seas feliz Agalyta
Le pido a DIOS cada dia.

Y CUANDO MUY TRISTE ESTA

Yo se de madres muy buenas
Y de una quiero contar
Que para evitar las penas
Siempre supo aconsejar.

A sus hijas con dulzura
Dijo que al enamorarse
Conservaran la cordura
Y ante todo … prepararse.

Enfatizó que estudiar
Era la mejor manera
De poder garantizar
Ser libres la vida entera.

Un dia su hija Flor,
Dijo en su ciudad natal
- Mamá ya encontré el amor
Me voy a la capital.

- No te cases, por favor
- Ante DIOS yo te lo imploro
Le dijo la madre a Flor
Vas a perder un tesoro.

- La vida no es la ciudad
- Ni los colores del prisma
- La vida es la realidad
- Que tu logres por ti misma

- Conozco tus sentimientos
- Y no tengo duda alguna
- Por que en tus conocimientos
- está tu mayor fortuna.

Hoy la vida la ha golpeado
Y me cuenta don dolor
Cuanto hubiera deseado
Echar atrás ese error.

Y cuando muy triste está
Entra a su cuarto y de hinojos
Ve el rostro de su mamá
Con lágrimas en sus ojos.

CON TAL QUE LA FLOR SONRIA

Yo soy como el jardinero
Que gusta del esplendor
Y no quiero … en un florero
Ver marchitarse una flor.

En el jardín es hermosa
Mas viva y llena de olor
Quiero ver la mariposa
Posada sobre la flor.

Vi flores en la floresta
En el cactus y en la tuna
Pero una flor como esta…
Tan bella … no vi ninguna.

En un jardín tras la reja
Puede brillar una flor
Que hasta en las noches refleja
Rayos de la luz del sol.

No existe noche sombría
Y esto es una realidad
Con tal que la Flor sonría
Se esparce la claridad.

REQUIEM POR ALEXANDER

Alexander ya no estás,
El golpe ha sido muy duro
Pero tu mamá seguro
No te olvidará jamás.

Ella que daria su vida
Por verte dia tras dia
Vio marcharse su alegría
Tras esta cruel despedida.

Tu mamá tendrá presente
Tus recuerdos siempre frescos
Tus ojitos picarescos
Y tu rostro sonriente.

Te amó con amor profundo
Y tu le correspondiste
Y para tu madre fuiste
Lo mas grande de este mundo.

Tu recuerdo, con cariño
Guardaremos no muy lejos
Y cuando nos pongamos viejos
Tu seguirás siendo un niño.

Y tu Judith, por favor
Seca tus lágrimas ya
Que alexander, donde está
Jamás sentirá dolor.

El no sentirá temor
Aunque se fue pequeñito
Será un eterno angelito
A la diestra del SEÑOR.

HASTA LUEGO MADRE MIA

Madre, cuando yo era niño
Cuanto trabajo pasabas
Y de ternura y cariño
A los tres tu nos brindabas.

Tres hijos tuviste, tres
Juan Manuel, Luis y Roberto
Que te quieren aun después
Que para el mundo hayas muerto.

De humilde cuna naciste
Muy pobre fuiste después
Quizás ni cuna tuviste
Pero te sobró honradez.

A pesar de tu pobreza
Alegre nos diste el ser
Y te sobró la entereza
Para darnos de comer.

Jamás de lujo vestiste
Tu cuerpo, ¡roble del monte!
Tu sonrisa nunca triste
Era el cantar del sinsonte.

En un humilde bohío
Tuviste tus tres luceros
Al fondo quedaba el rio
Y a los lados dos potreros.

De guano cubierto el techo
Y las paredes de yagua
Nos alimentó tu pecho
Tus senos fueron la fragua.

Tus hijos eran tu sueño
Y con tus brazos robustos
Pusiste todo tu empeño
En hacernos hombres justos.

Nunca nos faltó instrucción
Ni el uniforme escolar
Ni amor en el corazón
Faltó nunca en nuestro hogar.

Tu juventud fue muy cara
El trabajo fue tu vida
Para que nunca faltara
A tus hijos la comida.

Las cosas que nos comprabas
Para vestir y calzar
Lavando ropa pagabas
Nunca lo podré olvidar.

De una pobreza sin par
Siempre fuimos compañeros
Y tuviste que dejar
Un hijo con sus abuelos.

Alguien con dolor te dijo
Que debe ser un infierno
Tener que dejar un hijo
Lejos del seno materno.

Muy grande fue tu valor
Para, del hijo alejarte
Y a pesar de tu dolor
Nunca aprendiste a quejarte.

Cuanto trabajo pasado
Cuanta pena y cuanta gloria
Eso no será olvidado
Vivirá en nuestra memoria.

Yo te vi llena de acción,
Con los colores del prisma
Luego te vi en un sillón
Sin valerte por ti misma.

Te vi alegre y jaranera
Ligera como la brisa
Y después, de otra manera
Te vi triste y sin sonrisa.

Yo te conocí exigente
De la casa eras la dueña
Y al final te vi obediente
Como una niña pequeña.

Cada arruga vi nacer
En tu rostro y en tu frente
Vi tu pelo encanecer
Y vi nublarse tu mente.

Tu tienes tres vidas mas
La muerte es solo una via
Y tu siempre vivirás
En tus hijos, madre mia.

La vida te hizo sufrir
Yo nunca llorar te vi
Y ni siquiera al morir
Salió una queja de ti.

Te vamos a despedir
Sin adios, sin alegría
Vamos los tres a decir
¡Hasta luego, madre mia!

QUERIDO HERMANO MANGOLO

A veces uno en la vida
Cree ser conocedor
De una persona querida
O de un hermano mayor.

Y que sorpresa te encuentras
Al final de la jornada
Cuando en su mundo te adentras
Y ves que no sabes nada.

Eso a mi me ha sucedido
Y gracias a DIOS comprendo
Que hoy, a mi hermano querido
Es que lo estoy conociendo.

Me ha contado los anhelos
Que desde niño tenía
Sus sueños y sus desvelos
Su tristeza y su alegría.

Sus historias me ha narrado
Sus triunfos, sus desengaños
Y todo el trabajo pasado
Desde los catorce años.

Fueron largas las jornadas
Por apartados caminos
Él solo en las madrugadas
Entre manglares y pinos.

Con la fuerza de sus brazos
Luchó duro y sin ambajes
Entre monteros y lazos
Vacas y toros salvajes.

Cierta vez en un potrero
Que muchas reses tenía
Pidieron otro montero
Para terminar el día.

Dijo uno de los vaqueros
Al ver al joven lampiño
- Aqui hace falta monteros
- Para que mandan un niño?

Pero lo que no sabia
Aquel que habló sin derecho
Que al niño no le cabía
El corazón en el pecho.

Los caballos avanzaron
Rompiendo los maniguales
Los lazos se dispararon
En pos de los animales

Tres de los lazos ... sin nada
Solo el lazo mas sencillo
Tenia la res atrapada
... Era el lazo del chiquillo

Asi ocurrió cuatro veces
Sin la sombra de un error
Enlazó sus cuatro reses
El muchacho ... fue el mejor.

Y allá en la finca de Ferro
También a muy corta edad
Con su caballo y su perro
Y su triste soledad.

Casi un niño todavía
Luchaba de mayo a mayo
Con la sola compañía
De su perro y su caballo.

Fue muy duro su bregar
Sudar mucho la camisa
Sin un susurro escuchar
Ni una voz ni una sonrisa.

Ni un espejo poseía
Donde poderse afeitar
Solo en su sombra podía
Su figura contemplar.

Un dia se fue a Artemisa
Después de darse un buen baño
Vistió su mejor camisa
Y su sombrero de paño.

Buscando la barbería
Miró las tiendas locales
Mostrando su mercancia
A travez de los cristales.

Vió que lo miraban fijo
Y quizás esto le asombre
Mirando al cristal se dijo
-Yo me parezco a ese hombre.

Sin embargo, nadie había
Era su mismo reflejo
Y en el cristal se veía
Pues le servía de espejo.

Mi hermano, cuanto lo siento
Solo de noche y de dia
Solo con tus pensamientos
Sin ninguna compañia.

Hoy me duele esta verdad
Y solamente al pensar
Tus años de soledad
Me dan ganas de llorar.

Querido hermano Mangolo
Si antes mucho te quería
Hoy, que te supe tan solo
Te quiero mas todavía.

Nada me has contado en vano
Por que al fin te comprendí
Perdona mi falta, hermano
Si antes no te conocí.

Pero tristezas no quiero
Pues hoy es tu cumpleaños
Si digo tu edad espero
No me vengas con regaños.

Hoy cumples, sesenta y tres,
Mas, mira bien y vereis
Que virándolo al revés
Solo será treinta y seis.

¿Qué te debo, Juan Manuel
Que te debo en este dia?
Te debo el recuerdo aquel
Y esta humilde poesía.

Roberto Díaz

CUANDO SE MARCHA UNA FLOR

¿Cúanto medirá el sufrir?
De pensarlo me da horror
No hay quien lo pueda medir
Pues no hay límite al dolor.

Dolor, terrible dolor
Que nos llena de amargura
Cuando se marcha una flor
Por la muerte prematura.

¿Y quién podrá compartir
El sufrimiento materno?
Pobre Aleida vió partir
De su vida lo mas tierno

Pesadilla y no verdad
Nos parece un hecho tal
Y no habrá conformidad
Ante un golpe tan brutal.

Ya nada tiene importancia
Cuando una vida se pierde
Y a mi, desde la distancia
También el dolor me muerde.

Ya no hay Osleydis, no está
Se fue el perfume y la rosa
Por eso muy triste va
Volando una mariposa.

NOS VEMOS PRONTO CAMPEON

Ya no estamos mano a mano
La vida nos separó
Si tu me sientes lejano
Mas lejos me siento yo.

Tu eres mi mayor anhelo
Y yo pienso que tal vez
Fuiste un regalo del cielo
Para adornar mi vejez.

Desde el dia en que naciste
Yo siempre te acompañaba
Y donde quiera que fuiste
Presente también yo estaba.

Un amigo, Carlos Kaba,
Me dio su casa prestada
La escalera te asustaba
Pues era bien empinada.

Aunque de seis meses eras
Tu siempre conmigo estabas
Y al bajar las escaleras
De mi cuello te abrazabas.

A la escuela te llevaba
A partir del primer dia
Y en la tarde te esperaba
Siempre lleno de alegría.

Te crié con mucho amor
Y a pesar de algunas fallas
Quiero que seas el mejor
Adonde quiera que vayas.

Jamás pensé separarme
De mis hijos y mi esposa
Y aunque no quise marcharme
La vida quiso otra cosa.

Yo no me acuerdo sin ti,
Tu eres mi mayor razón
Y el dia en que yo me fui
Se me partió el corazón.

Me veo en los mil espejos
Del dolor; pero me atrevo
Y afirmo, aunque estemos lejos
DIOS nos unirá de nuevo.

Soy tu padre y soy tu amigo
Luisito, ¡en ti yo confío!
Y lleno de mi amor te digo,
No me falles, hijo mio.

Nunca me doy por vencido
Por eso en esta ocasión
Es que afirmo convencido
NOS VEMOS PRONTO CAMPEON.

ABRAZO Y BESO MI ALMOHADA

Hoy fue que yo comprendí
Que el dolor no era sencillo
Cuando en sus versos Martí
Describe a su Ismaelillo.

Su corazón destrozaron
Haciéndolo mil pedazos
El dia en que le arrancaron
Al pequeño de sus brazos.

Asi me siento, hoy en dia
Lejos del hijo querido
Pues en parte mi alegría,
En dolor se ha convertido.

Busco en la computadora
La foto de mi pequeño
Lo miro casi una hora
Y por la noche lo sueño.

En ocasiones yo creo
Que lo veo entre la gente
Y luego despierto y veo
Que fue un sueño solamente.

A veces de madrugada
Me despierto y calladito
Abrazo y beso mi almohada
Como si fuera mi hijito.

Me ha sucedido durmiendo
Soñando que estoy allá
Y escucho su voz diciendo,
Mami.. ¿ dónde está papá?.

Mi tristeza no se aplaca
Y aunque me sobra el valor
Hay dias en que me ataca
Con mas furia este dolor.

Hijo, que duro es tenerte
Tan solo en mis pensamientos
Llevo dos años sin verte
Y me parecen doscientos.

Hoy reconozco el dolor
De millones de cubanos
Apartados del amor
De hijos, de padres y hermanos.

Tanto dolor no concibo
Con ninguno se asemeja
Y si mas versos no escribo
Es que el llanto no me deja.

LUISITO PENSANDO EN TI

Luisito, pensando en ti
Desde por la madrugada
Tan agobiado me vi
Que no pensaba en mas nada.

Por eso fue que escribí
La anterior poesía
Y en cada estrofa creí
Ver una lágrima mía.

Te diré para que entiendas
Lo mucho que sufro yo
Que el dolor rompió las riendas
Y el llanto se desbordó.

De pronto me desplomé
Me vi lejos y olvidado
Y como un niño lloré
Como nunca había llorado.

Perdona estos versos mios
Ya casi volví a la calma
Y esos versos fueron ríos
De gritos que dio mi alma.

No he querido lastimarte
Con eso que te he contado
Se que haz sufrido tu parte
Pero lo sufres callado.

En dos años aprendiste
Lo que nos duele una herida
Pues siendo un niño tuviste
Que hacerle frente a la vida.

SOY EL ORIGINAL DE MI

Se muy bien que soy humano
igual que mi semejante
no importa si soy enano
o puedo ser un gigante.

Yo soy un hombre normal
del mono no soy residuo,
aunque del reino animal,
pero soy un individuo.

Uno solo, indivisible
y una sola vez nací,
también soy irrepetible
y nadie es exacto a mi.

Tampoco en mis pensamientos
yo tengo un alma gemela
difiero en mis sentimientos
como una vela a otra vela.

Soy de mi, el original
no hay otro, que sea yo
no existe una copia igual,
ni antes jamás existió.

No existe reencarnación,
pues nuestro cuerpo es mortal,
existe RESURRECCION
pero en forma espiritual.

Vivimos en la materia
lo espiritual, es el alma,
y si en la mente hay histeria,
en el espíritu hay calma.

Ante una cruel situación
que nos llena de pesar
no tenemos otra opción,
que orarle a DIOS y esperar.

Recuerda, Dios es amor
ÉL siempre estará a tu lado
nunca tomes por error
el camino equivocado.

Si tienes fe en la Promesa,
y eres capaz de confiar
desde ese momento empieza
el SEÑOR a trabajar.

No trates de resolver
por ti mismo lo inviable
pues solo vas a obtener
que digan que eres culpable.

En secreto DIOS va a obrar
y aunque no puedas creer,
no lo trates de ayudar
pues lo vas a entorpecer.

DIOS dice, YO SOY EL SER
lo sabe todo, y no duda
hace lo que quiere hacer,
DIOS no necesita ayuda.

RODOLFO GARCIA

La vida se nos presenta con urgencia
Todos queremos vivirla a nuestro modo
De lo pasado nos queda la experiencia
Y del futuro solo Dios lo sabe todo.

Hoy conoces a un niño y no imaginas
Que sera de su vida en el futuro
Y aunque trates de saberlo no adivinas,
Si, claro será su porvenir o será oscuro.

Lo ves crecer sin notarlo diferente
Pero hay cambios normales en su naturaleza,
De pronto ya no es niño sino un adolescente
Que se asoma a la vida con destreza.

Te habla de sus estudios y su vida
Ya no es el niño aquel, apenas conocido,
La Universidad será su punto de partida
Y el trabajo su premio perseguido.

Y hélo aqui, convertido en el presente
En Padre, esposo, amigo y compañero
Llevando en alto su brillante frente
Con el título alcanzado de Ingeniero.

Has alcanzado una parte de tus metas
Pero te faltan otras muchas todavía
Tus ideas seguirán brotando inquietas,
Y alcanzarás nuevos triunfos cada día.

Y hoy que alegres todos celebramos
Un año mas de tu llegada al mundo
Tu familia y tus amigos te felicitamos
Deseándote el futuro mas fecundo.

QUIERO PARA TI

Quiero para ti en mi canto
Decirte, cuanto te quiero
Y es que yo te quiero tanto
Que sin tu amor yo me muero.

Quiero para ti un color
Que haga tu piel tan lozana
Como ese que irradia el sol
En una Hermosa mañana.

Quiero para ti, de adorno
El mas hermoso pañuelo,
Si es possible, me conformo
Con un pedazo de cielo.

Quiero para ti un collar
Con joyas de las mas bellas
Si las pudiera alcanzar
Te lo haría con estrellas.

Quiero para ti una flor
Que nadie pueda imitar
Que nunca pierda el color
Ni se llegue a marchitar.

Quiero para ti un amor
Que nunca te diga, NO
Pero espera, por favor
Que ese amor te lo doy yo.

¡AY MI CUBA!

Ayer me fui a Cayo Hueso
y me recordó mi Habana
vino el viento y me dio un beso
vi, mi Bandera cubana.

A Cuba la llevo dentro
y donde quiera que miro
algún recuerdo me encuentro
y miro al cielo y suspiro.

¡AY…MI CUBA! … como dueles,
como duele esta distancia
no contemplar tus laureles
que dieron sombra a mi infancia.

¡AY… MI CUBA! … prisionera
tus lágrimas de agonía
mataron la primavera
que Martí soñó algún día.

¡AY …MI CUBA! … cuanto ansío
ver tu siembra de jengibre
tomar café en un bohío
cuando al fin te veas libre.

¡AY …MI CUBA! … triste día
en que Fidel te enlutó
tu pueblo se entristecía
y el Cielo también lloró.

¡AY.. MI CUBA!.. Caimán verde
¿qué te han hecho, dónde estás
acaso Cuba se pierde,
y tu no despertarás?.

¡AY ….MI CUBA!.. Caimán mío
ya se rebelan tus penas
y saldrás fiero del río
para romper las cadenas.

ASI SOMOS LOS CUBANOS

Como es que la Golondrina
Presiente la primavera?
Es que acaso la adivina
O es DIOS quien se la rebela?

Admira verlas volando
Las avecillas divinas
Vuelan mientras van formando
El Vals de las Golondrinas.

El ave eleva su vuelo
De una belleza sin par
Parece que llega al cielo
Pero tiende a regresar.

Por que no se queda allá,
Arriba, lejos de todo
Donde nadie la verá,
Donde no piedras ni hay lodo.

Vuelve, a contemplar el verdor
Y OLER LA TIERRA MOJADA,
No le teme al cazador
Aunque puede ser cazada.

Así somos los cubanos
Golondrina que se aferra,
Hoy en países lejanos
Y la mente en nuestra tierra.

Y quien nos puede quitar
El amor a nuestro suelo,
Somos dueños de su mar,
Somos dueños de su cielo.

Pero muy pronto seremos
Golondrina liberada
Y a la Patria volveremos,
A OLER LA TIERRA MOJADA.

UNA HERMOSA DAMA

Una bella dama es
La honesta y que dice – Puedo,
La que sostiene sus pies
Sobre una roca sin miedo.

Una Hermosa dama es
Quien vive cada momento
Sin orgullo ni altivez,
Y sabe usar su talento

Una Hermosa dama sabe
Lo que es malo y lo que es Bueno
Su mano es fuerte y es suave
Y aparta de si el veneno.

Una bella dama lidia,
Contra la maldad en pleno,
La bella no siente envidia.
Y no desea lo ajeno

Es bella pues con razón,
Cuida su porte y aspecto
Se esmera en su educación
Y cultiva su intelecto.

Una bella dama cuida
De su familia y su hogar
Y sabe llevar su vida
De una manera ejemplar.

Las bellas pueden llevar
La Amistad como un pendón
Las bellas saben amar
Y no pierden la ilusion.

Una mujer bella puede
Por el lodo caminar
Y aunque el lodazar la agrede,
Ella no se va a enlodar.

Las bellas pueden mirar
Sin diferencia de altura
Al rico, o al sin hogar,
Al alto o al miniatura.

Una bella conocí,
Me llenó de admiración
Cuando en sus ojos yo vi
Por los pobres compasion.

Yo era el pobre, ella no,
Y con franqueza total,
Como a un abuelo me habló
Que me hizo sentirme igual.

La nombraré, solo, Eva
Pues en si, la vida empieza
Y es que toda mujer lleva
Dentro de si, la belleza.

LA POBREZA DEL POETA

Un hombre que era poeta
En mi pueblo conocí
Y en una vieja libreta
Sus versos un día ví.

Realmente su poesía
Era de un buen parecer
Cada verso que escribía
Era digno de leer.

Su enclenque cuerpo vestía
Con ropa usada y es cierto
Que el infeliz no tenía
Ni donde caerse muerto.

Nunca entró en la barbería,
Y que me crean espero
Pues el pobre no tenía
Ni un peso para el barbero.

Perdonen si les insisto
Lo feo que hay en la feria
Muchos poetas he visto
Que viven en la miseria.

A mas de uno pude ver
Escribiendo cada día
Se alimentan sin comer
De su inmensa fantasia.

Era para mi una meta
Por eso … versos escribo
Y ahora sé que soy poeta,
Por la Miseria en que vivo.

¿QUE ESTAS PENSANDO?

Preguntan - ¿qué estás pensando?
Es pregunta inadecuada
Pues cuando me estoy ahogando
No puedo pensar en nada.

No es preciso para ahogarse
Cubrir de agua tu cabeza
Pues cualquiera sin mojarse
Puede ahogarse de tristeza.

Voy a vender mi talento,
Si es que lo debo tener
Escribo versos al viento
Y los vendo sin leer.

Mis versos, ¡ven a comprarme!
Pero no te vendo el llanto
Y del alma voy a sacarme
Mis versos que pesan tanto.

No piensen que yo estoy siendo
Vendedor de cosas raras,
Mis lágrimas no las vendo
Por que me han costado caras.

SOBRE EL LIBRO NIRVANAS Y DEMONIOS

Como puedes hablar de tu inocencia
Si los hechos demuestran tu traición
Tus palabras no me harán sentir clemencia
Pues tus actos no merecen compasión.

Mi dolor es de enormes proporciones,
Pero tengo mi dignidad, que mucho vale,
Y quien mi vida un día hizo jirones,
No será quien por la espalda me apuñale.

El silencio será, mi respuesta decorosa,
Los gritos no serán mi arma de guerra,
Y aunque la herida es profunda y dolorosa
La llevaré con honor por esta tierra.

Tu nombre ya borré del diccionario,
Nunca mas se puede amar a quien te humilla
Mi camino, al tuyo, irá contrario,
Y será mi vida en lo adelante, muy sencilla.

Vas a ver como mi vida se pasea,
Sentirás como se te estruja el corazón
Al mirar que otra boca saborea
Los labios que antes fueran tu pasión.

VUELVE A AMANECER

Con un título tan bello
Mañana podremos ver
Del día el primer destello
Cuando Vuelve a Amanecer.

Puede haber un día oscuro
Y lluvioso puede ser
Y aunque ayer fuera muy duro
El Solo vuelve a amanecer

Nunca pierdas la confianza
Si fuera triste tu ayer
Vendrá una nueva esperanza
Pues ya Vuelve a Amanecer.

La esclavitud causa espanto
Como el día en su proceder
Cede a la noche su manto
Pero Vuelve a Amanecer

SOLEDAD

Vi Palomas mensajeras
El espacio atravesando
Veranos y primaveras
Las vieron solas volando.

Siento pena en realidad
De esa Paloma viajera
Va sola, y la Soledad
Es muy mala consejera.

Ando solo, independiente
Frío a veces como el Polo,
Y aunque estoy entre la gente
Yo también me siento solo.

Solo, a la vista del sol,
Como penacho de palma,
Pues la Soledad mayor,
Es la soledad del Alma.

Esa seca el pensamiento,
Aunque hay calor sientes frío,
No da descanso un momento,
Y al mundo lo ves vacío.

¡¡AY ¡! Soledad, Compañera,
Es preciso que te diga,
Que aunque mala Consejera,
Eres mi mejor amiga.

ELLA ES MI GRAN COMPAÑERA

Ella es mi gran compañera
Fiel amiga hasta la muerte
Pues ella misma se obliga
A correr mi misma suerte.

Por mas que escribo y escribo
Su talento es soportarme
Y si de escribir me privo
Ella viene a conformarme.

Pero que puedo pedir
Si es mucho lo que ella hace
Que me permite escribir
Y con eso me complace.

Ella comparte mis retos
Y una que otra fechoría,
Ella guarda mis secretos
Para mostrarlos un día.

Muchos años la he tenido
Aunque por ser descuidado
Unos virus la han herido
Pero no me la han matado.

Ella nunca me contesta
Cuando estoy malhumorado,
Y al contrario está de fiesta
Cuando me sabe a su lado.

Por supuesto, yo tampoco
Me comporto a baja altura
soy cariñoso y la toco
suavemente y con dulzura.

Yo espero que en un buen día
Se haya dignado ella sola,
De hacerme una poesía,
Ella es mi computadora.

ASI SOMOS LOS HUMANOS

Cada persona es distinta
Del resto que la rodea
Cada cual al mundo pinta
del color que lo desea.

Cada cual da su opinión
Y dice Caso Cerrado
Es según su apreciación
Aunque se haya equivocado

Algunos, tendrán de mi
Una pésima opinión
Pero del mundo aprendí
A no prestarle atención.

Unos dicen que estoy gordo
Y otros dicen que delgado
Para ambos me hago el sordo
Y dejo el Caso terminado

No vivo con la opinión
Que puedan tener de mí
Lo importante es la razón
Por la que hasta hoy viví

Siempre quise ser, quien soy
DIOS me ha forjado un destino
A quien me pida le doy
Y sigo feliz mi camino.

Quien no me quiera entender
Primero que tenga en cuenta,
Que eso no da de comer
Ni para pagar la renta.

¿Porqué entonces preocuparme
ni ocupar mi pensamiento?
Si eso no habrá de salvarme
Ni me sirve de alimento.

Odio el chisme mentiroso
Lo reprocho por insano
Pero no odio al chismoso
Por que también es humano.

Hablar de otros no es bueno
El chisme abriga cinismo,
Olvídate de lo ajeno
Y ocúpate de ti mismo.

Si un chisme vas a decir,
Mejor calla por favor
Por que no te va a servir
Para que vivas mejor.

Deja el chisme y el rencor
Y olvídate del lamento
Llena tu vida de amor
Que el chisme lo aleja el viento.

LA COMPETENCIA

Siempre hay una competencia
Un nuevo reto pendiente,
A veces, sin advertencia
Pero siempre está latente.

Luchar denodadamente
Eso es lo que mas importa
Y es así precisamente
Que la vida se comporta.

El fruto, maduro o verde
Como quiera es de apreciar
El que juega, gana o pierde
Pero tienes que jugar.

Aceptarlo es un deber
Sin dejarlo para luego,
Y al momento de nacer
Ya formas parte del juego.

Es un código que traes,
Es tu ADN, es tu pin,
Con el subes o te caes
Hasta que llegues al fin.

A PACHY

Una sorpresa encondida
Se descubre dondequiera
Que te hacen ver la vida
De diferente manera.

Nunca pensé en la existencia
De alguien tan excepcional
Y es por su gran diferencia
Con la humanidad actual.

Lo que mas me maravilla
Es como mira la vida
Es mas… que por ser sencilla
Es también inadvertida.

En ella no hay arrogancia
Ni orgullo ni vanidad
Pero tiene en abundancia
Amor por la humanidad.

Desde niña sabe amar
También callar su dolor
No sabe lo que es odiar
Ni sabe guardar rencor.

No habla de su malestar
Sabe como comportarse.
Nunca aprendió a criticar
Ni tampoco a lamentarse.

Dice siempre lo que siente
Pero no con aprensión
Anda silenciosamente
Por no llamar la atención.

Si alguien la quiere llamar
No hay lugar donde no acuda
Siempre dispuesta a ayudar
Pero nunca pide ayuda.

Si aun usted no se percata
Y no sabe quien es ella
Les diré de quien se trata,
Es… Grace Patricia Cerella.

ALGUNAS HISTORIAS EN PARTE CIERTAS

Y DE NO SER CIERTAS, ¿QUE IMPORTA?

¿ACASO A ALGUIEN LE PUEDE INTERESAR SU VERACIDAD?

EL DOLOR DE UN HOMBRE

EL DOLOR EN SU FORMA MAS CRUEL, EL DOLOR EN UN ROSTRO HUMANO, EL DOLOR HECHO HOMBRE Y AGONIA, SUFRIMIENTO Y ANGUSTIA, SEPARACION Y OLVIDO, ESE TREMENDO DOLOR QUE NO SE PUEDE COMPARTIR, ESE QUE SE LLEVA EN EL ALMA Y SECA LA CONCIENCIA.ESO ES DOLOR

En la fría mañana del 24 de diciembre del año 1840, todo estaba listo para que llegara al mundo un niño que recibiría el nombre de Armando, que era el nombre de su padre que lo heredó de su abuelo paterno, que a su vez había sido el de su tatarabuelo y de ahi para atrás se perdió la memoria de los Armando.

Mas de doce horas duró el alumbramiento, al fin, al filo de las doce de la noche, nacía la criatura, que era sostenido por la partera del lugar, era un hermoso varón que apenas había llorado al ingresar a este mundo, tal parece que sus lágrimas las reservó para el ocaso de su vida.

Un año mas tarde, también un 24 de diciembre, otra familia, de rica cuna ésta, recibía la feliz noticia del nacimiento de una preciosa niña, hija del matrimonio de José Antonio y María Elena, vecinos del mismo pueblo que Armando y Verónica, que así se llamaba la esposa de éste. La niña recibió el mismo nombre de su mama, María Elena.

Cuando el pequeño Armandito estaba en el Segundo grado, la niña María Elena comenzaba en el primero en la misma escuela, siete años tenía él y seis ella, pero había algo desconocido que unía a aquellas dos criaturas y siempre se encontraban a la entrada y la salida del aula.

Al padre de María Elena nunca le gusto la amistad de su pequeña con aquel niño que, aunque simpático, era de una familia muy humilde.

Pero a pesar del disgusto de los padres, la amistad entre los niños se consolidaba y ya, seis años después, por cuya razón el Señor José Antonio decidió, con la anuencia de María Elena su esposa, decidió mandarla a una escuela en Santa Clara, capital de la provincia de las Villas. Con el propósito de que se preparara para mas tarde hacer estudios universitarios, cosa esta no muy común en esa época.

Partió la niña con la tristeza de quien abandona algo muy querido y que quizás no volvería a ver jamás, y allá en una curva del camino un adolescente de 13 años enjugaba sus ojos con el dorso de su mano mientras contemplaba el paso del coche tirado por dos hermosos caballos, que conducía a la bella niña.

Unos versos infantiles llenos de amargura fueron sacados del corazón de Armandito y quedaron impresos en la hoja de una libreta vieja.

Hoy lloré, lloré de pena
Cuando se fue mi ilusion,
Pues se fue con María Elena
Parte de mi corazón.

PASARON CUATRO AÑOS

Pero la suerte había visitado a Armandito y un amigo de la familia le facilitó los estudios en la Ciudad de Santa Clara y cuatro años mas tarde volvían a encontrarse en la misma escuela donde estudiaba María Elena, aquella coincidencia provocó que la llamita nacida años atrás se convirtiera en fuego que les abrazaba el alma.

Y de Nuevo la musa de Armandito se inspiraba, esta vez lleno de planes para el futuro pues María Elena le correspondía con la misma o mayor intensidad que en los días ya pasados, y ambos estaban seguros de que aquel amor nacido diez años atrás, esta vez los versos eran mas maduros y optimistas.

De Nuevo encontré a mi amor,
Y el deseo de vivir,
Me espera un mundo mejor
Y un próspero porvenir.

Solo pienso en el futuro
Un futuro entre los dos
En un mundo mas seguro.
Y bendecidos por Dios.

Durante dos meses se estuvieron encontrando en la casa de un primo de Armandito y aquel amor se consolidaba mas, por cuya razón cada día estaban mas confiados sin darse cuenta de que los padres de María Elena se mantenían al tanto del proceder de su hija

Así que, como dice un Viejo refrán, "la alegría en casa del pobre dura poco" y al enterarse los padres de María Elena de los amoríos de su hija decidieron enviarla para la casa de una tía ricachona que vivía en uno de los Repartos mas lujosos de la Capital del país, dicha tía se las ingenió para ocultar a la muchacha y evitar que Armando, a pesar de varios años de intento, jamás pudo volver a verla ni aun siquiera de lejos.

Aturdido y abrumado por el dolor de no poder ver a la mujer amada, decidió dejar los estudios y regresó a su pueblito natal, pero ya no buscaba la compañía de sus amigos de la infancia, no se reunía con nadie y su vida se fue tornando gris convirtiéndose de hecho en un hombre solitario reducido al silencio que por propia voluntad se impuso.

Su vida perdió la fuerza vital de sus veinticuatro años, todos sus pensamientos estaban prendidos a la dulce María Elena, la mujer de sus sueños, la mujer que le conquistó la vida y le hizo vivir los días mas intensos de su existencia, recordaba a cada momento sus negros cabellos, sus almendrados ojos también muy negros, su dulce sonrisa de labios de terciopelo que dejaban ver su blanca dentadura.

En las solitarias noches le parecía oir su voz comparándola con el susurro de las aguas del arroyo en su eterno correr, hacia lugares donde nunca él había puesto sus pies. ¿sería ese su destino? deslizarse como las aguas mansas eternamente, sin llegar a ningún lugar.

¿Le sucedería a él lo mismo que al barquito de Madera que cuando niño echó a la corriente y nunca mas volvió a ver? Y en su mente un pensamiento lo envolvía; ¡Hay! Miaría Elena como te recuerdo, y cuanto dolor hay en mi corazón, por que te aferras a mi mente y no puedo saber si en el mundo existe otro dolor tan grande como el mío.

RECORDANDO LOS AÑOS PASADOS

Enredado en sus pensamientos, medio dormido, tirado sobre un camastro, recordaba aquella vez en la campiña, montada sobre su caballo blanco, escapada de la mirada de sus padres cuando ella le dijo,

- Armando, a que no me alcanzas.

Y fustigando la noble bestia partió rauda por el sendero, camino del arroyo, sin pensarlo
Armando la siguió y unos doscientos metros mas adelante le dio alcance y la bella amazona sonreía plena de felicidad. Sujetó él las riendas de ambas bestias y la invitó a bajarse y otra vez la muchacha juguetona convidó al galán a una competencia, pero esta vez a pie.

- No María Elena, no debes correr puedes ensuciar tu ropa y vas a sudar mucho, hay un sol muy fuerte.

- ¿Asi que tienes miedo de perder?, mira si me alcanzas te doy un beso, ¿estás de acuerdo?

Armando se quedó petrificado, él amaba a María Elena con todo su corazón, pero por su mente jamás pasó la idea de que ella lo amara a él, ella era rica y él muy pobre y este mundo en que vivimos no está diseñado para esas cosas que mas bien ocurren en libros de cuentos.

Bajó la cabeza y se mordió los labios hasta sentir dolor, el mismo que sentía su corazón ante la imposibilidad de que aquel sueño pudiera hacerse realidad, y y dejó volar su pensamiento y voló tan alto que que llegó allá a lo infinito, donde se ven las últimas estrellas y pensó que tal vez allí

estaría Dios para escuchar sus dolorosas palabras. "DIOS MIO, ¿POR QUÉ SOY TAN POBRE?"

Ella comprendiendo su sufrimiento se le acercó y le dijo al oido.

- Armando, amor mío, no hace falta que me digas que me quieres, yo lo se, pero también te amo con toda mi alma.

Sus labios se unieron en un largo beso lleno de esa la juvenil pasión que penetra en el corazón de quienes aman de verdad..

María Elena, mi amor, tengo un mal presentimiento, este beso nos ha marcado para toda la vida, pero creo que nos ha condenado a la separación.

De pronto se sintió como suspendido en el aire y al golpearse contra el piso de tierra de su choza, despertó de aquel sueño que muchas veces lo había visitado.

MUCHOS AÑOS MAS TARDES.

Pasaron muchos, muchos años, Armando nunca se casó, ni conoció otra mujer, se construyó un rancho en un lugar bien apartado lejos de todo y de todos convirtiéndose en un ermitaño un hombre sin amigos y sin familia.

Allá por el año 1910, un grupo de ecologistas y hombres de ciencia de la capital fueron a dar a la cabaña donde vivía un anciano, que según los vecinos del pueblo mas cercano, llevaba en aquel lugar mas de cuarenta años aunque nunca hablaba con nadie ni visitaba el pueblo y conocía toda la geografía de la zona como nadie.

Luego de las presentaciones pertinentes, estos visitantes comenzaron con una serie de preguntas acerca de la flora y la fauna y lugares que pudieran resultar de interés para sus investigaciones. Uno de los visitantes, portador de una cámara fotográfica le preguntó al anciano;

- ¿Usted me permite que le haga un retrato?

- ¿Qué cosa es un retrato?, por que yo nunca oí hablar de eso.

- Si, como no, mire, el retrato se hace con este equipo que se llama cámara y recoge la imagen que tenga delante y luego se pasa a una cartulina y su rostro quedará plasmado en este lugar para siempre y así lo recordarán las personas que lo conocen.

El rostro del anciano era la mas viva expresión del dolor, la labor de tantos años de mutismo lo llevaba grabado en cada arruga de su rostro, ese dolor que le había quebrado la sonrisa y estrujado el corazón y lo había matado en vida cincuenta años atrás.

- Está bien, y ¿qué quieren ver en ese retrato?

- Su dolor Señor, quiero retratar su dolor, pues nadie jamás ha podido recoger el dolor en un retrato.

- Bueno, si algún día puedo servir para algo, pues hágalo usted para que la gente vea lo feo que es el dolor.

El hombre tomó la primera foto que resultó ser la mas genuina representación del sufrimiento humano, en aquel rostro no se apreciaba el mas mínimo deseo de vivir.
Seguidamente el joven de la cámara le pregunta;

- Señor, ¿Usted se llama Armando, no es cierto?.

- Si hijo mío, asi es, me llamo Armando.

- Pues mire, yo me llamo igual que usted, y aunque no soy de este lugar mi abuela si era de aqui, se llamaba María Elena y me hablaba mucho de sus vivencias, ella tuvo tres hijas, hembras las tres, pero su sueño fue tener algún varón pero no lo logró, sin embargo cada una de sus tres hijas tuvo algún varón y a todos, por orden de mi abuela hubo que ponerles Armando.

Un cambio repentino se operó en el rostro del anciano, irguió su cabeza y los ojos, antes casi apagados, brillaron por un momento y sus labios olvidados de la sonrisa durante tantos años, dejaron ver una alegría lejana y perdida en el tiempo, y la cámara que seguía lista después de la primera foto, y ante el cambio tan radical en el rostro del anciano y como por un instinto premonitorio el fotógrafo apretó el obsturador y de nuevo funcionó la cámara, el hombre había sonreído y quizás aquella sonrisa también sería receptada por el equipo.

La entrevista terminó y los hombres de ciencia hicieron su trabajo orientados por Armando quien había resultado de una ayuda muy eficaz.

En el laboratorio le dijeron al joven fotógrafo que había un detalle en el rollo, pues aunque habían dos fotos del anciano solo una de ellas se proyectaba en la cartulina, nadie entendía por que sucedía aquello, era un caso insólito pero por mas que trataron fue imposible lograr una de ellas y la que se logró fue la primera, aquella que ofrecía el rostro doloroso del hombre solitario, así las cosas decidieron dejar todo como estaba y rescatar una de ellas y el rollo fue echado en un cajón de cosas viejas.

DE NUEVO PASARON LOS AÑOS Y LOS AÑOS

Transcurre el mes de octubre de 2006 y la anunciada exposición fotográfica ha abierto de par en par sus puertas al público que colma la lujosa sala de uno de los mas distinguidos hoteles de Miami Beach, se congregan allí los mas afamados fotógrafos profesionales de varios estados de la Unión y acuden al extraordinario evento las mas relevantes figuras del arte y la cultura que desfilan ante las bellas imagines recogidas para la historia por el lente de los apasionados cultores de la inmortalización de la belleza y la vida.

Afuera, unas cuadras mas allá, tres jovencitas discuten donde pasar un buen rato, la primera propone;

- Vamos al cine que hoy hay un filme de estreno.

Otra dice;

- No,,, vamos a tomar un helado.

La última, una trigueña de impresionante belleza de cabellos tan negros como la noche, ojos almendrados y negros, dulce sonrisa de labios de terciopelo que dejan ver una Hermosa y blanca dentadura y una voz cual murmullo de arroyuelo que dice;

- Vamos a la Exposición fotográfica.

- Pero, ¿por qué, … María Elena, tu eres pintora, no fotografa? Y que vamos a hacer allí, eso está lleno de gente.

- No, -dice con voz segura - dije que vamos a la exposición.

Al fin, ante tal determinación deciden entrar al salón a pesar de que apenas cabía un alma mas y para dar un paso había que pensarlo y delante de cada foto había grupos de personas dando sus criterios acerca de la calidad, el enfoque, la luz y todas esas cosas que dominan los profesionales. Casi todas eran fotos muy recientes tomadas precisamente para esta oportunidad y la mayoría eran de artistas bien reconocidos por el público, otras de naturaleza viva, paisajes pintorescos, animales, etc.

Y allá, en un rincón sin nadie que la mirara, una foto al parecer muy Antigua de un anciano con unas breves palabras al pie que decía;

- ¿Cúanto dolor es capaz de soportar un ser humano?

Esta foto reflejaba el dolor en su forma mas cruel, el dolor en un rostro humano, el dolor hecho hombre y agonía, sufrimiento y angustia, separación y olvido, ese tremendo dolor que no se puede compartir, ese que se lleva en el alma y seca la conciencia.

Era éste el único lugar que de momento se podia contemplar sin que otros molestaran, al mirar aquella foto del anciano una de las chicas reflexiona;

- Que cara tan triste la de ese hombre, ¿verdad?

- Dios mío, es cierto – dice la otra- y que viejito se ve, debe de tener mas de cien años.

Mirando a María Elena que no había dicho nada, observan sus ojos llenos de lágrimas le dicen.

- Maria Elena, qué te ocurre, ¿estás llorando? ¿Para eso nos trajiste.aquí?.

- No se pero el rostro de ese anciano me da ganas de llorar, se ve que sufre mucho.

- Chica, pero si no es mas que una foto.

- No, no, te equivocas, ese hombre está sufriendo, o no se dan cuenta ustedes?.

Y sin poder contenerse rompe en sollozos que sus amigas tratan de disimular, pero sin éxito y una buena parte de las personas presentes se dan cuenta y la rodean tratando de consolarla y apoyada en sus dos amigas se abren paso y salen a recibir el aire fresco de la noche miamense.

A la noche siguiente se van a otorgar los premios a las mejores fotos y María Elena convence a sus amigas para que la acompañen de Nuevo a la exposición. Al filo de las nueve llegan y en esta ocasion no queda espacio libre, pero logran entrar.y una de las amigas le dice;

- María Elena, vamos a tener que ir de Nuevo a ver la foto del viejito, mira como está el salon, no se puede dar un paso.

- Esta bien, vamos para allá

Pidiendo permiso a veces y empujando otras acceden hasta el lugar donde se encuentra la foto del anciano, pero a diferencia del día anterior, esta noche el cuadro del anciano es el que reúne la mayor cantidad de admiradores, pero un misterio se oculta tras el cristal que guarda la imagen, y el público presiente la magia que brota de aquella sonrisa que ilumina el rostro envejecido por los años y pueden admirar en la limpia mirada un ardor que no brilla en ninguna otra de las fotos de famosas y famosos y algo mas se presiente y es como si aquellos ojos estuvieran prendidos de alguien que llega en esos momentos y que la siguen con intensa alegría a cada paso.

El encanto es completo, todos los rostros se viran para ver hacia donde se dirige aquella mirada y poco a poco se apartan para dar paso a la recién llegada.

Una hermosa trigueña de almendrados ojos muy negros, cabellos también muy oscuros y sonrisa de labios aterciopelados que descubren una blanca dentadura, se acerca con aire majestuoso hasta el cuadro que tanta atención ha provocado.

El silencio es total, nadie imagina lo que va a suceder, María Elena se acerca y mirando fijamente a los ojos de aquel cuadro lleva la mano a sus labios, y en ella deposita un beso, un largo beso … dos lágrimas ruedan por sus mejillas y caen en sus dedos, sopla el beso con la suavidad de sus labios y apoya su mano en el cristal, las dos lágrimas quedan prendidas en la foto, precisamente en las mejillas del anciano y se deslizan suavemente dejando un surco de humedad a todo lo largo del rostro hasta caer y diluirse en el espacio antes de llegar al piso.

Una sola cámara funcionó en aquel instante y quedó para la historia la foto mas Hermosa de aquel rostro llorando de alegría mientras miraba, a travez de mas de cien años, por última vez el rostro de la mujer amada.

En aquel momento María Elena, con la voz entrecortada por la emoción, mirando al rostro del anciano dijo:

- ¡Ya eres feliz! ¡Descansa en paz!.

Aquel cuadro ganó el Primer Lugar del certamen.

EL CHOCO

Un joven de unos 20 a 25 años, pasaba caminando todos los días, por el parque y en uno de los bancos, veía al anciano moreno de unos 80 años unas veces sentado y otras recostado sobre un bulto donde contenía los recuerdos de su juventud.

En cierta oportunidad el joven en tono de burla le preguntó al anciano.

_ Oye viejito, es cómoda tu casita? y dónde te metes cuando llueve?

El anciano lo miró con cierto aire de superioridad, pero no le contestó, y un vecino que pasaba en esos momentos le dijo al joven.

- Muchacho no te metas con ese hombre, ¿tu lo ves viejo asi? ese hombre es El Choco, mejor déjalo tranquilo.

Pero el joven, sin contestar una palabra al vecino, pensó para sus adentros, - Y a mi que me importa que le digan el Choco, es mas, que se prepare el viejito que mañana vengo mas temprano y voy a divertirme con él.

Al día siguiente, mas temprano que el anterior, venía el joven muy alegre grabadora en mano y tarareando la canción que estaba escuchando y al llegar frente al anciano le dijo en tono jocoso.

- Oye viejo, te gustaría bailar conmigo, que te parece esta guarachita? - puso la grabadora en el banco del frente y esperó la respuesta

El anciano sin turbarse le dijo.

- Si quieres te puedo enseñar algunos pasillos que aprendí cuando era joven, ¿quieres aprenderlos?

- Ah, que bueno, si el abuelo es bailador, arriba ponte de pie, si es que todavía tus piernas te soportan

Con cierta dificultad el anciano se puso en pie, hizo algunas flexiones con las piernas y los brazos y trató de acercarse al muchacho, el joven al percatarse de la seriedad del asunto, se apartó bruscamente y le lanzó un golpe que el anciano esquivó sin dificultad y moviendo sus piernas con toda la rapidez que los años le permitían, se puso al alcance del muchacho y con una velocidad increible, su puño derecho aterrizó de lleno en la mandíbula del atrevido, que electrizado por el golpe cayó al piso y quedó inconciente por algunos minutos.

Cuando abrió sus ojos, se dio cuenta que estaba acostado en un banco frente al del anciano, que ya estaba de nuevo recostado a sus recuerdos como si nada hubiese ocurrido.

El vecino, que había sido el que lo recogió del piso, le dijo;

- Te dije que no te metieras con El Choco. ese viejo fue el mejor boxeador de su época fue campeón mundial cuando en el mundo habían verdaderos boxeadores y le decían Kid Chocolate.

BRONCA EN EL CIRCO

En mi juventud tenía yo un amigo que era artista de circo, era el mejor alambrista, posiblemente del mundo, hacía maravillas en la cuerda floja y era el único ser humano que se acostaba a lo largo del alambre y levantando los pies le daba vueltas a un palo con los dos extremos encendidos a la vez que hacia equilibrios con los brazos para no caerse.

Remigio Araujo, mas conocido por Tata, que así es como se llama mi amigo, él y yo siempre andábamos juntos y cada noche lo acompañaba al circo y también algunas veces hacía mis pininos con él, por que además de caminar la cuerda floja era un tremendo humorista, pero como el dueño del circo también era amigo mío, pues de vez en cuando me ponían a cuidar la puerta para que nadie entrara sin pagar.

Por aquellos tiempos yo me había dedicado al boxeo con muy Buenos resultados y realmente me sentía muy confiado aunque por mi pequeña estatura y poco peso, nunca fui un noqueador, o sea de gran pegada, pero me defendía bastante bien.

En cierta oportunidad vino un muchacho del barrio a tratar de entrar sin pagar cosa que por supuesto le impedí y se fue a su casa amenazando con llevar a su hermano mayor. Una de las personas que presenció el alltercado se me acercó y me dijo.

- Oye, ten cuidado con el hermano de ese muchacho, es un tipo muy agresivo y se faja a piñazos todos los días por cualquier cosa. Y es una mole, pesa como 200 libras y tiene la fuerza de un toro.

A mi realmente no me impresionó lo que me dijo aquel hombre, en definitiva yo dominaba el arte de dar y que no te den y estaba muy bien entrenado por aquellos días.

Otro de los presentes me dijo,

- Oye ahi viene el muchacho con el hermano, mejor entra y que venga otro para la puerta, por que la cosa se va a poner mala.

Empezaron a reunirse los vecinos en cuanto vieron la actitud del valentón y hasta los que habían entrado salieron para ver la Bronca. Por supuesto que ninguna de aquellas personas me conocía, no sabían que yo era boxeador y no muy malo, otro me dijo

-    Oye, ese tipo te va a despedazar, es un animal.

Yo seguía tan tranquilo como si nada ocurriera, ellos no sabian quien era yo y pensaban que sería un aperitivo para el gigante aquel que venía bufeando como un toro, y yo pensé, - tremenda sorpresa se van a dar cuando me vean peleando.

El tipo ni me dirigió la palabra, me atacó en cuanto llegó a mi lado, yo le esquivé el primer golpe y contesté con una derecha recta que ni lo estremeció y ahí mismo empezó la piñasera, los golpes se sucedían con una rapidez inaudita aquello se convirtió en una verdadera carnicería ya la pelea estaba de un solo lado, entonces del público presente alguien gritó

-    Caballero aguanten a ese hombre que se queda el circo sin portero.

Realmente si no me lo quitan, el tipo me mata.

VERIDICA HISTORIA DE MANIN

En el año 1964, entré a una pequeña Fonda Bar en Puentes Grandes, en Marianao y mientras almorzaba un suculento plato de arroz con lentejas y picadillo a la criolla, escuché una voz que parecía salir de la victrola, (especie de tocadiscos que abundaban en toda Cuba en los bares), me llamó la atención aquella poderosa voz de Tenor que yo no reconocía, viré mi rostro con la intención de ponerme de pie para ir hasta el lugar y me sorprendió comprobar que no era un disco lo que estaba escuchando, allí recostado a la victrola, había un hombre de unos 50 años, con una barba de varios días que con los ojos semicerrados cantaba una de las mas hermosas canciones de Agustín Lara, MALAGUEÑA, me quedé asombrado, estupefacto, no creía lo que veía y escuchaba, le pregunté al Barman, que quien era aquel hombre con aquella voz increíble capaz de competir con el mismísimo Mario Lanza uno de los intérpretes mas populares de aquella época,

Al hombre le decían Manín y se dedicaba a hacer percheros, vivía cerca de aquel lugar y unos días mas tarde lo invité a la tienda donde yo trabajaba haciendo el inventario y le pedí que nos cantara una canción, la tienda estaba cerrada, pero la puerta estaba semiabierta y había a unos metros una parada de omnibus que a esa hora de la mañana estaba repleta de personas, cuando Manín empezó a cantar con aquella increíble y poderosa voz, todas las personas que estaban en la parada se movieron hacia el portal de la tienda, un músico que había allí, después que Manín se fue, entró a la tienda y me dijo.

- Yo soy director de una orquesta que estmos empezando, pero si yo consigo a ese hombre para que cante conmigo, voy a tener la orquesta mas famosa de Cuba.

Pero ya, para Manín habían pasado los mejores días, unos años mas tarde supe que Manín había fallecido. Sentí una inmensa pena, el mundo se había perdido una voz fabulosa, una voz increíble que pudo haber conmocionado al mas grande auditorio de la época,

Si alguien de los que lea esta verídica historia, conoció a Manín puede dar testimonio de que no miento.

LA DIFERENCIA

Mi madre estaba embarazada de mi cuando se fue a la Habana para visitar a sus padres que habían emigrado desde Pinar del Rio, unos años atrás. Ese día tres de enero estaba invitada a un almuerzo en casa de unos familiares que vivían en el Vedado, casi llegando a la esquina de 23 y 12, otro auto que venía en la misma dirección se proyectó contra el taxi donde viajaban mi mamá y mi papá.

Rapidamente llegó un carro patrulla de la policía e inmediatamente llamaron a una ambulancia que cargó con mi mamá y conmigo, que por supuesto, me llevaba en su vientre desde hacía casi nueve meses y a la otra señora que viajaba en el otro auto, que también estaba embarazada.

A las dos las llevaron al mismo hospital pues con el nerviosismo del accidente a ambas se les presentó el parto y la otra señora se hizo cargo de que atendieran a mi mamá con la misma premura que a ella y en las mismas condiciones. Rapidamente se presentó el Doctor, un hombre joven de buen parecer que a la vez que Dueño y Director del hospital, era el esposo de la otra señora.

Ese mismo día con menos de una hora de diferencia, nacimos las dos criaturas, marcados de antemano por el destino para ser uno el hijo de los ricos y el otro el hijo de los pobres, pero bueno asi es la vida y no queda otra cosa que aceptarla, en la muñequita de mi manito derecha un pulsito que decía Jorge y en la manito de mi vecinito otra pulserita que decía Andrés.

Aquel matrimonio, aunque personas muy adineradas cada cierto tiempo nos visitaban allá en San Cristóbal, pues tenían familia cerca de donde vivíamos nosotros, pero la diferencia entre ambas familias era evidente, Andresito siempre llevaba su ropita de la mejor calidad, sus camisas llamaban la atención, las mías siempre estaban limpias y planchaditas, pero de menos calidad, pero en ambos casos cada uno llevaba puesta una sola camisa, un solo pantalón y un solo par de zapatos, no importando la calidad que tuvieran las de uno y las del otro.

Lo mismo sucedía con el hogar, uno lujoso y lleno de comodidades con muchas habitaciones, camas lujosas, el otro muy humilde con solo una habitación y una cama para mi y otra para mis padres, pero de todas formas Andresito solo podía dormir en una cama y en una habitación igual que yo.

Las diferencias en la alimentación también era notoria, ellos tenían dos cocineros con gorrito y todo, utilizaban cubiertos de plata y la vajilla de porcelana fina era importada de alemania, hecha por manos expertas y con el sello de garantía de los mejores fabricantes, en nuestro caso los platos eran algo pesados y no muy bonitos que digamos, pero igual que Andresito, yo solamente podía comer en un plato y era mi propia mamá quien con todo el amor del mundo confeccionaba cada día los alimentos para los tres.

Ellos utilizaban las mejores salsas y condimentos importados desde Italia, mi madre los hacía con aceite de oliva del mas barato y sasonaba con ajos, cebollas y algunas otras especies que casi siempre las sembraba mi padre en el patio, pero al igual que Andresito yo solía servirme una sola vez y salía feliz de la mesa.

Ambos fuimos a la escuela a partir del mismo año, él iba a una escuela privada, yo asistía a una pública, sus maestros ganaban buenos salarios, los míos eran pobres pero al igual que en la academia de Andresito, en mi escuela 2x2 eran 4 y 20 + 20 eran 40.

Así fuimos creciendo, él se hizo médico igual que su papá, yo gracias al esfuerzo de mi padre y de mi madre pude graduarme de ingeniero civil y conseguí un buen trabajo y como nos habíamos hecho amigos pues cada cierto tiempo nos veíamos, un día recibí una llamada urgente de Andresito, donde me decía que necesitaba verme con urgencia, dejé lo que estaba haciendo y fui hasta un hospital donde me dijo que habían ingresado a su papá, en cuanto llegué me explicó que su padre había tenido una hemorragia muy grande y necesitaban una transfusión de inmediato. me llevaron a un salón donde me hicieron unas pruebas de sangre, las mismas fueron analizadas, mi sangre era O Negativo, la mas universal de las universales, no obstante hicieron otras pruebas con la mía y la del padre de Andresito y se efectuó la transfusión con un éxito rotundo, a los pocos días ya el papá de Andresito estaba muy bien recuperado y me pidieron que fuera a su casa con mi familia.

Al dia siguiente los tres nos presentamos y después de brindarnos un refrigerio el hombre nos dijo;

- Esto que les voy a decir es muy serio necesito que escuchen con mucha atención, Hace unos 30 años, en mi hospital había una enfermera que se enamoró de mi, ella me perseguía constantemente, yo traté de disuadirla siempre explicandole que yo vivía enamorado de mi esposa y que nunca iba a obtener nada de mi, después que nacieron ustedes la cosa empeoró y no me quedó otra opción que despedirla, todo el tiempo mi esposa supo lo que estaba ocurriendo, pero sentía pena por aquella mujer hasta que decidimos que se fuera.

- En estos días que estuve ingresado, me hicieron muchas pruebas de sangre y cuando llegó Jorge y analizaron la de él, hubo una gran confusión, por que las pruebas determinaron que Jorge era el verdadero hijo mío, a Andresito y a tu papá también les hicieron la misma prueba y dio positiva, el hecho fue que aquella enfermera, en medio de su desesperación quiso hacerme daño y le quitó la pulserita a los dos niños y las cambió. Yo les pido perdón por esto que les estoy explicando, no es mía la culpa ni de ustedes pero ya todos somos adultos y debemos ver las cosas tales y como son, no creo que nada vaya a cambiar, pero si debemos estar mas unidos que nunca y seguir amándonos como hasta ahora. en estos días. Por mi parte traté de averiguar que había sucedido con aquella enfermera y me enteré que había muerto, fui hasta el lugar donde vivía y me encontré con una anciana que se echó a llorar en cuanto le pregunté por su hija. me mostró algunas de las cosas de ella y en el fondo de un baúl, una libretica con lo que pretendió alguna vez ser un diario de la vida de su hija. La abrí y comencé a leer todo lo que había escrito, y allí estaba el orígen de toda la confusión, dice así:

"Hoy es tres de enero, acaba de nacer el hijo del hombre al que mas he amado en mi vida, debía ser mío y no de ella, pero les voy a destrozar el corazón, ellos nunca van a disfrutar la alegría de abrazar y besar a su hijo, lo harán siempre con un extraño, aunque nunca lo sepan, pero espero que algún día pasen por el dolor de saber que ese no es su hijo y que nunca le podrán dar el beso al verdadero, al que debió ser mío y de él".

- Ahora les pido a todos que nos abracemos y hagamos una Oración por que DIOS nos ha añadido un hijo mas a cada matrimonio

BREVE CONVERSACIÓN CON DIOS

Hoy es un día que me ha dado por meditar y hablar a solas con DIOS, yo se que me escucha y me responde, lo que ocurre es que me entretengo muchas veces y pierdo el hilo de la conversación, ahora me concentro para escucharlo, pues necesito de su sabiduría, que es única en el mundo, y única en el ESPIRITU, pues DIOS nunca se equivoca por que ÉL sabe el principio y el fin de cada cosa.

- Roberto, ¿estás dispuesto a escucharme?

- Estoy sorprendido, ¿Quién me habla?

- Soy el que SOY, SOY EL SEÑOR tu DIOS, ¿no estabas diciendo que querías hablar conmigo?

- Si mi SEÑOR, pero no esperaba que me contestaras tan pronto.

- Perfecto, ahora dime para que me llamas, espero que sea algo importante

- ¡Si mi DIOS!, para mi es importante, ya tengo 72 años y me parece que el tiempo ha pasado muy rápido y de seguir asi dentro de poco ya no estaré en este mundo. Mira, ayer yo tenía treinta años, era joven, apuesto, bastante inteligente, tenía muchas amistades, buen trabajo, me vestía bien, era atractivo y le agradaba a las mujeres, mis cabellos eran negros y mi rostro era como el de un bebé. Ahora, que ya han pasado 42 años, me veo completamente diferente, mi rostro se ha arrugado, he perdido facultades intelectuales, mis amigos todos son gente muy mayores, no me importa la forma de vestirme, las mujeres no me miran y los años que me quedan por vivir no son muchos, ¿Por qué SEÑOR, la vida es tan corta, por qué no tengo treinta años ahora?.

- Yo puedo contestar todas tus preguntas y puedo hacer lo que nadie, pues SOY tu DIOS, el DIOS DE ISRAEL, el DIOS de los Patriarcas y el DIOS que creó un pueblo para que le adorasen, SOY EL QUE SOY, SOY EL SER. Ahora dime que quieres y te voy a complacer.

- Si, como te dije, la vida me ha pasado demasiado rápida.

- ¿Quieres que te devuelva a la edad de treinta años?, yo puedo hacerlo, para mi no hay imposibles, puedo hacer retroceder la tierra, puedo convertir a un rey en una res, ya lo hice con Nabucodonosor, el Rey de Babilonia, lo cubrí de pelos y lo hice comer hierba como los bueyes. Ahora ¡¡Escucha con calma lo que te voy a decir!!!, Te haré una pregunta, me debes contestar SI ó NO. Si me dices SI, lo haré al momento, pero si me dices NO, tendrás que darme una explicación que me convenza, pues si no es así lo haré de todas maneras. ¿Estás de acuerdo?

- Lo acepto SEÑOR, estoy de acuerdo, pero dame unos minutos para contestar.

- Muy bien, he aqui la pregunta, debes contestar SI ó NO en dos minutos: ¿Quieres que te vuelva a la edad de veinte años de nuevo? SI ó NO.

- Dame los dos minutos que te pedí.

- Concedidos.

Estos fueron los dos minutos mas cortos de mi vida, mi mente trabajó arduamente, me di cuenta que le había pedido muy poco tiempo. DIOS me dijo.

- Se lo que estás pensando, te agrego tres minutos mas, ahora son cinco

-Gracias PADRE, los necesito tengo que estar seguro de lo que quiero,

- Alto, ya debes contestar, han pasado los cinco minutos, que dices.

- PADRE, mi respuesta es ¡NO!, no quiero volver a tener treinta años de nuevo.

- Correcto, ahora explícame por que no aceptas, si era eso lo que me pedías, yo estaba dispuesto para hacerlo y sabías que iba a cumplir. Dame tus razones.

- SEÑOR no puedo aceptar volver a los treinta años por que dejaría de ser quien soy, todas las personas que me conocen por años han visto como dejé de ser aquel joven para irme convirtiendo poco a poco en lo que soy y saben con la dignidad que he recibido cada año que me has dado de vida, mis hijos conocen cada arruga de mi rostro, ellos vieron convertirse en canas mis negros cabellos y como mi frente se iba agrandando, hasta cubrir casi toda mi cabeza. perdería mi identidad, pues nadie creería que con la apariencia de treinta años, yo fuera realmente el hombre de setenta y dos que diría ser. Mis hijos me negarían, mi esposa me echaría de la casa, y me acusaría ante las autoridades y me exigirían que dijera donde tengo oculto al verdadero Roberto, al esposo, al padre de familia, al amigo que fui siempre, al hombre que había vivido dignamente los 72 años de su vida. No SEÑOR, gracias, pero no puedo aceptar, además ya estoy próximo a partir contigo y de volver a lo que era, me alejaría de ti.

- Ha sido sabia tu respuesta, todos estos años que has vivido, yo he estado a tu lado, aun cuando tu me negabas, yo estaba contigo, cuidé de ti y te libré de muchos males, ¿recuerdas la cita que tenías frente al capitolio de la Habana con una chica que era casada?

- Si PADRE, la recuerdo, por cierto ella me había dicho que la esperara hasta la hora que fuera, pero al llegar las diez de la mañana, me impacienté y me fuí.

- No, no te fuiste, recuerda que tenías un dolor fuerte de estómago y decidiste volver a tu casa, pero no fue el dolor de estómago, fui yo quien te lo puso, ¿sabes de qué te libré en aquella ocasión?

- No recuerdo que haya sucedido nada.

Por supuesto que nada ocurrió, pero fue por que ya te habías marchado, ella llegó en cuanto tu te marchaste y detrás de ella el esposo que traía un arma oculta en su ropa, ¿Sabes?, te libré de la muerte en aquella ocasión, pero no fue la única. hubo mas pero te voy a recordar otra y fue aquella vez que estabas en el almacén de la tienda donde trabajabas, con una mujer y llegó el esposo que era militar y llevaba la mano en la pistola, y la administradora le impidió la entrada, fui yo quien no lo dejó entrar, ¿recuerdas ahora?, realmente me hiciste trabajar bastante, pero como te amo, por eso te cuidé y te sigo cuidando y tu sigues haciendo las cosas mal hechas, pero yo te cuido de todas maneras.

- Pero si me hubieses dicho que SI, lo habría hecho inmediatamente, pero como ya te cuidé todos esos años, no te hubiera cuidado mas, por que

YO NO HAGO LA MISMA COSA DOS VECES, y hubieras quedado a merced de tus propias decisiones y tus propios deseos. Ahora piensa, que sería de ti sin mi cuidado. ¿Cuánto tiempo disfrutarías de esa juventud?. ¡¡¡NO MUCHO, NO LO DUDES!!!

- Ahora que ya sabes lo que ningún otro ser humano ha sabido, lo puedes comentar para que cada cual esté conforme con lo que haya vivido y lo que le quede por vivir. NUNCA TE OLVIDES DE MI, se que en tu naturaleza humana radican tus propios males y tus propios pecados, YO TE SABRE PERDONAR, pero solamente si no lo haces con el propósito de contradecirme o de enfrentarte a MI.

- Gracias mi SEÑOR, te amo mucho y te necesito mas cada día, te pido con todo corazón que la GRACIA que emana de ti, cubra a toda mi familia, a mis amistades y a toda persona que llegue a leer estas reflexiones que he compartido contigo.

MONTEROS PERROS Y CABALLOS

Desde los catorce años, mi hermano Juan Manuel (a quien llamaremos Mangolo en lo adelante) comenzó a trabajar en una carniceria en un pequeño cacerío a cinco kilómetros de San Cristóbal, en Pinar del Río, pero además de picar carne y despacharla, también tenía que buscar las reses en las fincas donde se las vendían, este trabajo no era fácil, pues esas reses estaban sueltas en enormes potreros donde se habían criado y jamás habían tenido una soga atada en el cuello, por cuya razón requería de mucha pericia con el Lazo, un buen caballo y un buen perro.

Hoy, a los 76 años de edad, Mangolo me cuenta algunas de sus anécdotas que hoy vienen a su memoria.

En una de las fincas de Manolo Collazo, (nieto de Enrique Collazo General de la guerra de Independencia de Cuba) había alrededor de ocho animales que tenían que embarcar para trasladarlos al cebadero, pero antes debían enlazarlos y meterlos en el cepo para de ahí subirlos al camión y como les he dicho, estos animales estaban salvajes y nunca habían visto una soga, había para este trabajo, tres monteros y uno de ellos le dice a Collazo

- Mire Collazo, hace falta otro montero para hacer dos parejas y terminar mas temprano.

Collazo mandó a buscar a Mangolo, quien a la sazón tenía unos dieciseis años y cuando aquellos monteros, hombres rudos hechos al fragor del trabajo, vieron al joven lampiño le dijeron a Collazo.

- Oiga Collazo, aqui hace falta hombres, para que traen a ese chiquillo?

Otro de los monteros dijo,

- Bueno al menos puede servir por si se nos cae el sombrero que vaya y lo recoja.

Uno de los mas diestros, sino el mejor de los enlazadores, le dijo al muchacho.

- Tu vas conmigo muchacho, pero ten cuidado no te caigas del caballo.

Al poco rato llegaron Mangolo y el otro montero con la primera res atrapada y Collazo le dijo.

- Felo eres el primero en coger una vaca, te costaría bastante trabajo.

- No Collazo, la enlazó el muchacho, ¡que suerte tiene este vejigo!

Cuando esta pareja llegó con la cuarta res atrapada por ellos Collazo le dijo

- Felo esta última si la cogiste tu ¿no es cierto?

- No Collazo, también la cogió Mangolo, el muchacho es bueno con el lazo.

- Bueno felo, y ¿dónde está tu sombrero?

- Se me cayó enredado con unas ramas.

Mangolo entonces le dice.

- Yo voy a buscar tu sombrero Felo, no te preocupes.

Entonces Collazo le dice.

- No Mangolo que vaya a recogerlo él. Tu ven conmigo a la casa.

EL DUELO DEL PASTOR Y
EL FRANCOTIRADOR

La pequeña Iglesia estaba situada en una estrecha callejuela que bordeaba un arroyuelo en las afueras de la ciudad, de aspecto humilde pero limpia y recién pintada, una cruz de madera en la fachada indicaba la fe cristiana de sus moradores y las personas que allí se congregaban. El mensajero de correos se acercó en su bicicleta y recostándola a la acera, tocó a la puerta y esperó unos segundos … hasta que una muchacha joven con un pequeñito cargado en sus brazos le abrió y contestó el saludo del empleado. Éste le entregó un telegrama que venía dirigido a su esposo y una libreta en la cual ella firmó haciendo acuse de recibo y despidiéndose cortésmente cerró la puerta tras de si.

Ernesto y Maritza llevaban tres años viviendo en un pequeño apartamento contiguo a la Iglesia que formaba parte de la instalación, luego de que en el Concilio los nombraran como Pastores y responsables de los servicios religiosos que allí se ofrecían.

Maritza puso al niño en la cuna y abrió el telegrama para saber de que se trataba, mientras Ernesto, muy cerca de ella estaba enfrascado en sus Estudios. Una vez concluida la breve lectura un sollozo ahogado escapó de sus labios y sin percatarse estrujó el papel en sus manos.

Ernesto levantó la mirada al escuchar el sollozo y al ver el rostro alarmado de Maritza le preguntó.

- Mi amor, ¿que te ocurre?

Ella, de momento, no pudo expresar palabra alguna, un nudo en la garganta se lo impedía y extendiendo la mano le entregó el papel, que él leyó rápidamente. Su rostro palideció y dos lágrimas se deslizaron por sus mejillas, Ella lo abrazó y le dijo.

- No te preocupes Ernesto, quizás no es tan grave, vamos a recoger lo más importante y vamos para allá.

- Si, si mi amor, como quieras, voy a hablar con Rubén para que nos lleve en su auto. ¡No me explico que puede haber sucedido con mi papá!.

La nota era muy escueta, parecía haber sido escrita en medio de la desesperación, la nota decía lo siguiente;

"Ernesto ven pronto, tu padre muy grave, un accidente"
Emiliano.

Los padres de Ernesto, Ricardo Ugarte y Natalia Gómez, que así se llamaban, vivían en una casona de madera de fuerte construcción y de amplio portal por su frente y ambos costados, separada unos 150 metros aproximadamente del camino que atravesaba su finca, al fondo una pequeña elevación montañosa que formaba parte del lomerío que se extendía de Este a Oeste unos 15 kilómetros, mas al sur y antecedido por un hermoso Valle se alzaba majestuosa una cordillera de empinadas y agrestes montañas cuya cima mas alta alcanzaba mas de 2,000 metros de altura.

Frente a la casa a unos 800 metros estaba la loma conocida como "la loma del ahorcado", pues según la leyenda popular, los abuelos de los más viejos del lugar, habían encontrado un hombre colgando de una rama de un árbol a unos pocos centímetros sobre una roca que se había despeñado desde lo alto. Ya en este tiempo el árbol no existía, pero la roca permanecía como testigo mudo marcando el lugar donde había ocurrido la tragedia. Desde la vivienda se apreciaba perfectamente el considerable volumen de la piedra. Todo el terreno que separaba la casona de la enorme piedra era completamente llano y muy fértil, cuya área estaba completamente sembrada de maíz cuyas espigas sobrepasaban la estatura de un hombre alto, hermosas calabazas crecían dentro del maizal, mas allá una plantación de tomates que ya empezaban a madurar así como otros vegetales y hortalizas además de los frutales que se encontraban en las partes mas agrestes, pero perfectamente atendidas, todo lo cual servía de sustento a la familia y de ayuda a otros mas necesitados. Desde la ladera oriental de la loma que estaba al fondo de la casa hasta la parte occidental de la Loma del Ahorcado, les pertenecía a los Ugarte, como los llamaban desde que el abuelo de Ernesto llegó a aquel lugar, limitando por tres puntos cardinales o sea Norte, Sur y Este, con la propiedad de los Arguedas excepto por el Oeste donde ya todo el terreno era extremadamente rocoso careciendo de interés para todos. El camino que atravesaba la finca, era el único medio de comunicación por donde se podían transportar todos los productos hacia la montaña y desde ésta hasta el pueblo y de allí a la ciudad.

Cada domingo a las diez de la mañana un numeroso grupo de personas se congregaban en la casa de Ricardo para participar en los servicios cristianos que por tradición familiar se ofrecían desde muchos años atrás. Algunas personas venían desde la montaña y otros procedían del "Amparo" pequeña población cercana a la finca de los Ugarte, así como vecinos del lugar.

Todo parecía marchar bien en aquella comunidad de hombres y mujeres fieles y laboriosos, hasta el día que fue hallado el cuerpo de Ricardo al pie de un acantilado, deformado el rostro por las heridas y los hematomas, también se veían golpes y magulladuras en todo el cuerpo, la cabeza y la espalda. Ni un toro habría podido sobrevivir en semejante situación.

Conducido al pueblo a lomo de mula lo llevaron al interior de una casita en cuya fachada se leía la siguiente inscripción en un pedazo de tabla clavada a la pared: "Dr. Cáceres, Médico, Cirujano y Dentista", lo depositaron en una mesa de madera, forrada con unas planchas de zinc galvanizado, pero de nada sirvió la presencia del "galeno", Ricardo estaba muerto y nada podría devolverle la vida que se le escapó sin darle la mas mínima oportunidad de recuperarla.

Pronto la casa del médico se llenó de vecinos que, curiosos acudían para saber lo ocurrido, la mayor parte de las preguntas quedaron sin respuesta los dos campesinos que lo habían encontrado no vieron nada de lo ocurrido, solo sintieron unos quejidos y al acercarse vieron el cuerpo de Ricardo en el suelo bañado en su propia sangre, pero nunca recuperó el conocimiento.

Entre los presentes se hicieron algunos comentarios, hubo quienes dijeron que se había despeñado accidentalmente, pero otros, la mayoría, no pensaban igual y optaron por callarse, pues sospechaban de personas muy poderosas y bien conocidas en aquella zona y que estaban interesados en la finca de los Ugarte.

Comenzaba oscurecer cuando llegaron Ernesto y Maritza con el niño acompañados de Rubén que los había llevado en su auto. El encuentro con la madre fue en extremo doloroso. Los tres permanecieron abrazados por un rato, el niño lo tomó una vecina pues dormía profundamente. Despúes de algunas palabras de consuelo mutuo y las preguntas de rigor en estos casos, los tres se dirigieron hacia el féretro donde yacía el cuerpo sin vida del anciano padre, los sueños que aun albergaba aquella cabeza de cabellos blancos se habían perdido para siempre. Encima de la caja mortuoria varios ramos de flores confeccionados por manos inexpertas, alumbrados por cuatro velas, eran como el símbolo de algo que ya comenzaba a marchitarse.

Ernesto palideció al ver el rostro venerado del padre bondadoso que con una vida llena de sacrificios y abstenciones había sabido guiarlo siempre por la senda de la honradez, la justicia y la humildad, hasta verlo ya formado como un hombre de bien, alimentado espiritualmente por la fe del cristianismo como meta suprema a alcanzar en este mundo. A pesar de todo, no podía creer lo que sus ojos estaban mirando, aquel rostro, tantas veces acariciado por él desde que era un niño ya no era el mismo, a su mente acudían las imágenes de su infancia, cuando sentado en las piernas del padre, escuchaba las historias que éste le contaba, mientras él deslizaba las manitas por la piel curtida por el sol y con sus deditos peinaba las cejas encrespadas y le hacia surcos en la frente despejada, marcadas las arrugas que iban naciendo … y ahora ¡Que dolor! Que terrible realidad … la vida lo había golpeado con tremenda violencia, cada herida, cada golpe, cada hematoma era un puñal que se le clavaba en el pecho y lo retorcía por dentro

- ¡DIOS MIO! - dijo en voz baja - ¿Por qué has permitido que esto sucediera? … ¿Por qué PADRE, por qué?.

Un sollozo lo estremeció, perdió las fuerzas de sus piernas y sus rodillas se doblaron, buscó apoyo en el féretro, su rostro quedó muy cerca del de su padre, pasó sus dedos suavemente por las mejillas tratando de no lastimar las heridas y otra vez sus dedos peinaron las encrespadas cejas, mientras murmuraba,

- Viejo, cuanto me duele todo esto, ¿Por qué DIOS mío? Si nunca le hizo daño a nadie, si jamás sus manos se levantaron para agredir.

Otra vez los sollozos le interrumpieron, fue hasta donde estaban su madre y su esposa y se sentó entre ellas.

Con profundo dolor y respeto los presentes habían observado aquella triste escena sin interrumpirlo, solo entonces comenzaron a acercarse silenciosamente lamentando el terrible hecho desde lo mas profundo de sus corazones.

Un mes más tarde ya Ernesto, Maritza y el niño se encontraban instalados con Natalia ubicándose en el segundo cuarto que era el más espacioso. Habían determinado continuar las labores evangélicas del padre en aquel lugar, lo que fue apoyado por el concilio de la Iglesia, amén de la necesidad de seguir atendiendo los cultivos y demás labores de la finca.

Por las mañanas Emiliano, uno de los vecinos más cercanos, hombre de unos cincuenta años llegaba hasta la casona y luego del acostumbrado desayuno y el aromático café, marchaban juntos para acometer las labores del día en el campo.

La tradición familiar se mantenía y así, cada domingo a las diez de la mañana se reunía un numeroso grupo de fieles para participar en los estudios bíblicos que Ernesto y Maritza impartían. Allí entonaban sus cantos y alabanzas y de vez en cuando presentaban obras de teatro, preparadas por los mismos jóvenes. Todo parecía marchar de maravillas, pero no sabían los presentes las amarguras y pruebas que aun quedaban por delante y que debían vencer a toda costa.

"El Amparo" era un pequeño caserío de unas trescientas viviendas, casi todas muy humildes y rústicas, pero construidas con buen gusto, en cuyo pueblito sobresalían dos edificaciones que llamaban la atención por su estructura y por ser las mas altas del lugar, ambas solo tenían dos plantas, que aunque hechas de madera ofrecían todas las garantías por su calidad y solidez.

Una de ellas era el hotel, que estaba en el centro del pueblo y contaba con diez habitaciones, un restaurante y un bar, lugar este donde siempre había un grupo de personas bebiendo y conversando desde horas bien tempranas.

El otro edificio estaba a la entrada del pueblo y éste era como la insignia del poder, sus dos plantas se erguían y enseñoreaban como gigante Goliat a quien había que pedir permiso para seguir adelante. Los mas de cien metros cuadrados de tierra que lo rodeaban estaban cercados con una malla alta y en la parte superior tres líneas de alambre de enormes púas que impedían pasar por encima de ella, lo cual parecía desde todo punto de vista, imposible y como si esto fuera poco, cuatro enormes perros custodiaban la mansión de día y de noche.

Esta casona, el hotel y los terrenos del lomerío que circundaban la propiedad de los Ugarte, pertenecían a Apolonio Argueda, rico Hacendado que poseía, además unas seiscientas caballerías de las más fértiles tierras en la llanura que precede a la cordillera que se encuentra al sur del "Amparo".

Serían aproximadamente las once de la mañana cuando se escuchó el ruido de un auto que detenía su marcha frente al hotel, algunos de los curiosos que se encontraban a esa hora en el bar se asomaron para ver la llegada, poco usual, de algún vehículo a este lugar.

Un Jeep moderno, color gris perla, cubierto del fino polvo del camino se ofrecía a la vista de los curiosos. La puerta del chofer se abrió y con gestos estudiados bajó un hombre de unos treinta años, alto, muy alto, de fuerte complexión física, bigote negro bien arreglado y abundante cabellera negra, cerró la puerta del Jeep miró el entorno con cierta curiosidad sin reparar en las personas que lo observaban. Vestía sombrero negro tejano, camisa vaquera a cuadros de colores rojo, azul y gris, pantalón Jean azul y lustrosas botas negras de tacón alto. Entró al recinto sin prestar atención a los presentes, se dirigió al empleado, un joven de apenas veinte años y solicitó con voz ronca y apenas audible, "la mejor habitación del hotel"

Luego de los trámites de rigor y ya en la escalera que lo conducía a la planta alta, le lanzó las llaves del auto a Francisco, que así se llamaba el empleado y le dijo:

- Súbeme la maleta y el estuche que está en el asiento trasero del auto y cierra la puerta con llave. ¡Ah! Y dile a cualquier muchacho que lo friegue que luego le pago. Que nadie me moleste, ¿Está claro?.

- Como usted diga señor, contestó Francisco, ¿Quiere que lo llame a alguna hora?.

- No, es suficiente.

No dijo nada mas, se perdió en lo alto de la escalera subiendo de dos en dos los escalones. Un silencio reinaba entre los curiosos que acudieron a ver al recién llegado, estaban pensativos, nadie hablaba, por fin alguien rompió el hielo.

- Señores, que tipo tan raro este, no miró a nadie, no saludó y pasó entre nosotros como si no existiéramos, - y apoyando la mano izquierda en la barbilla continuó - ¿A qué vendrá un hombre como este?.

- Vaya usted a saber, - dijo otro - a mi se me erizaron los pelos nada mas que de pasarme cerca, yo por si acaso me voy a mantener alejado de él … parece ser muy peligroso. ¿Se fijaron en el estuche que subió Francisco? Me pareció que era de un fusil.

Y luego que Francisco bajó, se acercó al grupo y en tono muy bajo les dijo;

- Oigan esto que les voy a decir, ese hombre tiene una pistola que parece un cañón, la tenía encima de la cama cuando entré a la habitación y le tiró la almohada encima para que yo no la viera. No se, pero me parece que ese hombre no se va pronto de aquí, por si acaso yo soy quien me largo. ¡que va!, no quiero ni saber quien es, cuando le pregunté el nombre para anotarlo en el libro de huéspedes se quitó las gafas y me miró de una forma que yo creo que me vio hasta el cerebro y me dijo;

- Escribe ahí, Paco.

Muy temprano al día siguiente bajó con el estuche y una bolsa y luego de desayunar se dirigió en el Jeep al lomerío, metiéndose por un camino que conducía a una cantera abandonada.

Dejó el vehículo a la entrada de la cantera y fue hasta un farallón, pequeñas y grandes piedras habían quedado en todo aquel terreno, de la bolsa sacó diez botellas y las situó de forma irregular unas mas altas, otras mas bajas, encima de las piedras, hasta llegar a diez. Se dirigió al Jeep que estaba a unos 200 metros y sacando el fusil del estuche comprobó la mira telescópica, estaba normal, los objetivos estaban todos a la vista y ofrecían buen blanco. Contempló el arma, era un fusil especial de tiro con alcance de dos millas y efectividad a milla y media. Sacó un tabaco que acarició antes de encenderlo, luego lo tomó entre los dientes y le dio fuego soltando una bocanada de humo blanco que pronto se perdió en la brisa mañanera. De pronto, lo lanzó lo mas alto que pudo y con un movimiento relampagueante cogió el fusil y sin tomar puntería apretó el gatillo desde la altura de la cadera y tocado el tabaco por la bala fue a caer unos metros mas atrás, lo recogió y lo miró con una leve sonrisa, el plomo había apagado el tabaco sin dañarlo y siempre con la sonrisa en los labios dijo en voz alta.

- Soy el mejor, si lo hago así no puedo fallar.

Prendió otro tabaco y mientras le daba vueltas en los labios, hizo diez disparos casi sin interrupción. No falló ni uno solo, a todas las botellas les faltaba el pico, como si hubiesen sido cortadas con la mano.

Luego con lentitud, como quien estudia sus movimientos, colocó el fusil en el estuche, lo depositó en el asiento trasero, estiró los brazos y bostezando subió al auto y se dirigió con rumbo a las montañas. Cuando estaba cerca de la casa de Ernesto Ugarte se detuvo y se recostándose al timón contempló el paisaje que desde este lugar se podía apreciar perfectamente, sobre todo la casona y todos sus contornos.

Miró con detenimiento la posición de la vivienda y deslizó pausadamente su mirada por el pequeño valle que la separaba de la Loma del Ahorcado, contempló con curiosidad la enorme piedra incrustada en la parte mas baja de ésta, en sus labios se dibujó una sonrisa y afirmando con la cabeza dijo en voz baja:

- Perfecto, esto es lo yo buscaba. Veremos que sucede.

Hizo un giro de 180 grados con el Jeep y regresó al pueblo que en esta ocasión estaba mas animado que de costumbre, en los portales de algunas casas, en las calles, en los establecimientos, en todas partes pequeños grupos de personas charlaban y unos a otros se preguntaban que sucedería de este día en adelante. Sin dudas aquellos disparos se habían escuchado perfectamente y los vecinos estaban alarmados, pues no era frecuente que esto sucediera.

Por espacio de una semana se estuvo repitiendo la escena de la cantera, aunque en las demás oportunidades siempre hubo espectadores que llegaban antes que el francotirador y permanecían ocultos hasta que éste se marchaba, tras lo cual iban hasta donde estaban los blancos comprobando si habían sido tocados por las balas o no. El asombro era cada vez mayor, nunca había fallado un disparo a pesar de que siempre los ubicaba en posiciones más dificultosas. En esta última ocasión las botellas estuvieron de frente al tirador y todas sin excepción aparecían rotas por el fondo. Increíblemente cada bala había penetrado por la boca de las botellas sin tocarla saliendo por el fondo que quedaba destrozado.

Las conversaciones mas frecuentes en el pueblo eran referidas a este personaje, apoderándose de los vecinos un miedo colectivo que no sabían disimular, y si en algún momento hubo alguien que quisiera acercársele para hablarle, ya en tales circunstancias nadie estaba interesado siquiera en permanecer cerca de él.

La pregunta que más se repetía y corría de boca en boca era ésta: ¿De dónde ha salido este hombre y para qué ha venido a este lugar?

Pero no había respuesta, el hombre era inaccesible, a nadie le dirigía la palabra y muy pocas personas habían, siquiera escuchado su voz, aparte de Francisco el empleado del hotel y el de el restaurante, todo alrededor de este hombre estaba oscuro. Aunque atemorizados los vecinos, sin embargo no se atrevían a dirigirse a las autoridades de la ciudad, primero por que no había razones para ello y segundo por que en las pocas ocasiones que alguna "autoridad" estuvo en el pueblo fue peor el remedio que la enfermedad, por lo tanto solo había una solución … esperar.

Llegó el domingo 25 de diciembre, la casa de Ernesto estaba engalanada celebrando el nacimiento del Niño Jesús, aquel Jesús que con el ejemplo del sacrificio de su vida había cambiado millones de vida durante más de dos mil años. Entre todos los miembros de la congregación habían aportado los víveres y los ingredientes necesarios para confeccionar la cena, cuatro corderos de más de noventa libras cada uno esperaban por el momento del sacrificio. Varias cajas de frutas y viandas estaban amontonadas en el portal de la casa, pero ante todo era necesario hacer un servicio muy especial para conmemorar esta fecha.

La espaciosa sala estaba completamente abarrotada, mas de cincuenta personas estaban sentadas en los bancos preparados para ese día y otras cuarenta de pie desbordaban el local. La alegría se respiraba en el ambiente, los cantos de este día eran mas alegres, la voz del solista se escuchaba por encima de las demás voces.

En medio de aquel ambiente festivo, de cantos y música, nadie se percató del Jeep que se había detenido a un costado de la casona, tampoco vieron a un hombre muy alto de bigote negro, gafas oscuras y sombrero tejano que después de descender del auto se había situado detrás del grupo que permanecía en la puerta. Solo Ernesto que dirigía el coro por cuya razón estaba de frente al público se dio cuenta de la presencia del extraño, ya él conocía todos los comentarios que circulaban alrededor de este personaje, pero no les había dado importancia. Sin saber por que y sin referencia alguna, a su mente vino el recuerdo de su padre, sus heridas, sus hematomas y los tremendos golpes que presentaba en todo su cuerpo, sintió un escalofrío que le recorrió la espina dorsal.

La cabeza del hombre sobresalía por encima de los demás, su mirada estaba fija en Ernesto, lentamente se quitó las gafas dejando al descubierto sus ojos siniestramente grises que no se apartaban de él. Por alguna razón desconocida, de esas que el hombre todavía no ha podido descubrir, los presentes comenzaron a inquietarse, algo flotaba en el aire que lo hacía más denso, el presagio de algún grave acontecimiento comenzó a invadir la sala, alguien de los que estaban en el primer banco giró su cabeza para mirar hacia la puerta como si fuera éste el lugar desde donde emanaba el peligro, poco a poco todos fueron haciendo lo mismo, el coro, sin haber recibido orden alguna quedó en silencio, algunos, los mas altos, podían ver por encima de los demás, el rostro enigmático del desconocido con su sombrero tejano, otros buscaban con la mirada la razón de aquella curiosidad, pero la pared les impedía apreciar de qué se trataba.

La voz de Ernesto rompió el silencio, diciendo con firmeza:

- Por favor, abran sus Biblias en el Libro del Profeta Isaías capítulo treinta y cuatro, versículos del doce al catorce. - Amén- repitieron los presentes.
Ernesto comenzó la lectura:

--

"Por tanto, el Santo de Israel dice así:

Por que desechasteis esta Palabra
Y confiasteis en la violencia y en la
Iniquidad, y en ella os habéis apoyado,
Por eso este pecado os será como grieta
Que amenaza ruina, extendiéndose en una
Pared elevada, cuya caída viene de pronto
Repentinamente.
Y se quebrará como se quiebra un vaso de
Alfarero, que sin misericordia lo hacen
Pedazos, tanto, que entre los pedazos

No se haya un cascote que sirva
Para traer fuego del hogar o para
Sacar agua del pozo.

El hombre no dejó continuar al Pastor, terció el fusil sobre su hombro izquierdo y con la calma de siempre se dirigió hacia el interior empujando a los presentes a uno y otro lado, se detuvo delante de Ernesto y en voz ronca y apenas perceptible para el auditorio, le dijo:

- Mira Pastorcito, ya escuché bastante de tu habladuría, vine a conversar contigo, dile a esta gente que salga.

- Señor, si usted quiere hablar conmigo tiene que esperar a que termine, ¿entiende?. - Ya te dije que escuché bastante, no estoy dispuesto a esperar nada, ¡Que salgan!, ¿ya entendiste tu?.

- Y ¿qué quiere hablar conmigo que no puedan escuchar mis hermanos?

- El problema es que esto es entre tu y yo.

- Yo no tengo nada confidencial en mi vida, lo que usted tenga que decirme me lo dice delante de todos.

- ¡Que cosa esta!, - dijo como pensando en alta voz - parece que tengo el bueno subido hoy, - y acercándose mas a Ernesto, en voz baja, pero firme - mira hijito, el asunto es bien sencillo, yo vine para comprarte la finquita y ustedes se van lo mas lejos posible de este lugar, ¿entiendes?.

- Hay un pequeño problemita en esta situación y es que la finca no está en venta y si a usted no se lo dijeron a mi padre le hicieron varias ofertas y no la vendió, ¿sabe por qué?, pues, por que en este lugar se hizo un compromiso muy serio de construir una Iglesia y cuando eso se logre todo va a pasar al patrimonio de esa Iglesia.

- Chico, ¿tu no sabes que tu bisabuelo, tu abuelo y tu padre, todos murieron "accidentalmente" en esta zona?. Mira muchacho, yo no tuve nada que ver con lo de tu padre, ese no es mi estilo, siempre hago las cosas de frente, pero si no estás dispuesto a largarte de aquí, yo tampoco, vine por una cosa y no me voy sin ella.

- Fíjese, señor desconocido, desde que lo vi a usted comprendí muchas de las cosas que han sucedido, pero lo que si le voy a decir, es que ni vendo ni me voy de aquí.

- Muchachón, te voy a decir algo para que aprendas a conocer a los hombres, por que aun estás a tiempo, yo vine para quedarme y para que tu te fueras, como ves, no tengo miedo, pude haber venido en otra oportunidad en que estuvieran solos y matarlos a todos, pero como te dije, no es mi estilo, me gusta que haya testigos para verles el terror en los ojos, yo disfruto eso, ¿me entiendes? Y a ti, por todo lo que me has hecho hablar te voy a hacer correr cacareando como una gallina, por que todos ustedes, los que se pasan la vida leyendo el librito ese del tal Jesucristo, lo que hacen es esconder su miedo detrás de ÉL.

Un murmullo se levantó entre los presentes y al percatarse Ernesto de algunas actitudes hostiles entre los presentes y tratando de evitar un derramamiento de sangre inocente dijo con voz clara y fuerte:

- Hermanos, por favor, si tienen fe, confíen en Dios, ÉL está mirando todo cuanto ocurre aquí, recuerden lo que hemos estudiado, Daniel tuvo fe y Dios lo salvó de la boca de los leones, David tuvo fe y venció a Goliat, hay batallas que son nuestras y otras que son de Dios y esta, no es nuestra puesto que no la hemos provocado, tengamos fe y dejemos que Dios mismo libre esta batalla.

- Oye Pastorcito, basta ya de muela, que si esos a los que tu les dices hermanos se dan cuenta de que esto que tengo en mi mano derecha es una pistola que sirve para matar personas, seguro se tranquilizan y se van, - y agitando los brazos gritó - ¡AFUERA TODOS!.

- Espere, yo les voy a pedir que salgan, pero va a tener que matarme por que no voy a vender – y dirigiéndose a la congregación – Por favor salgan todos.

El hombre se quedó pensativo unos minutos al final de los cuales dijo como hablando consigo mismo.

- Caramba, parece que es verdad que me estoy volviendo bueno, tal vez la cancioncita que escuché me está haciendo efecto, - y en tono de burla continuó - o quizás con las palabritas del tal Isaías me estoy poniendo bondadoso. ¡Bueno Se acabó!, dije ¡FUERA!

Una vez que todos salieron, dijo Ernesto:

- Si va a matarme hágalo ahora que no hay nadie por favor, no quiero dejarles tan desagradable impresión, mire que hay niños y mujeres.

- Está bien, no hay problemas, pero vas a tener que batirte conmigo a duelo, si lo prefieres a pistola o tal vez quieras hacerlo con un fusil, de todas maneras tu vas a poner el muerto.

- Mire señor pistolero, yo no tengo por que batirme a tiros con usted, yo estoy en mi propiedad y usted es un intruso, además no tengo por que dar un espectáculo de terror a mis hermanos, aqui hay niños y mujeres, y no existe una razón para cometer un crimen.

- Chico, nada de eso me importa, quien no quiera mirar que cierre los ojos, yo soy quien dice lo que hay que hacer, ¡vamos sale tu también!.

Empujándolo con la pistola por la espalda lo llevó hasta el patio. Maritza y Natalia no sabían que hacer, el pánico se reflejaba en sus rostros, todo aquello parecía una pesadilla, ambas estaban abrazadas con el niño por medio. Nadie sabía a ciencia cierta lo que estaba ocurriendo, jamás habían imaginado algo semejante, lo cierto era que aquel hombre bueno, que predicaba el amor y la justicia, la fe y la salvación de las almas, iba a morir en unos minutos, todos lo presentían, pero ¿por qué?, esa era la pregunta, no había razón humana para cometer tal crimen, ¿y Dios?, ¿qué hacía en aquellos momentos, acaso no estaba mirando aquello?. Vieron salir al Pastor y detrás la muerte representada por una pistola, un fusil y un hombre dispuesto a matar.

Dirigiéndose a los presentes con voz fuerte y firme les dijo:

- Voy a probar la fe del Pastorcito y ver además si ese Dios del que tanto hablan ustedes es capaz de salvarlo de mi fusil, por lo menos hasta hoy nadie ha tenido esa suerte, quizás fue por que los demás no fueron tan amigos de ese Dios del que ustedes hablan como lo fue Daniel o David, el que mató a Goliat, bueno, eso lo dijo el Pastorcito hace unos minutos, - y dirigiéndose a Ernesto le dijo; - Mira te vas a parar aquí y yo me voy a situar allá al lado de la roca grande que está en la loma de enfrente, la distancia es de 800 ó 900 metros mas o menos, te voy a hacer un disparo con mi fusil, uno solo, que por supuesto te va a volar la cabeza de las cejas para arriba, si quieres de pones de lado y así me ofreces un blanco mas difícil. Si fallo el tiro, de allá mismo me voy y te dejo el auto con el dinero que me pagaron por matarte, las llaves las dejaré en el cañón del fusil que también te dejaré allí, aunque, por supuesto, eso no va a ocurrir. Cuando esté situado y levante el pañuelo, puedo disparar en cualquier momento, pero tengo solo cinco minutos para hacerlo, si no lo hago en ese tiempo tu ganas y yo me voy y te garantizo que nunca más vas a tener problemas con la finca. – y continuó- Si te arrepientes, te viras de espaldas y empiezas a cacarear como una gallina, pero tienes que cacarear por que si no lo haces te disparo las veces que me de la gana, por que voy a suponer que quieres escapar, así que te vas cacareando, recoges todos tus tarecos, a tu familia y se largan de aquí.

Apurando un poco el paso se dirigió al lugar escogido, algunos trataron de acercarse al Pastor, pero él les pidió que no lo hicieran.

- Por favor, ustedes nada tienen que ver con esta situación ni pueden ayudarme, ni yo tampoco puedo hacer algo por salvarme, ya han visto que no tengo opción, solo nos queda la fe, no la pierdan por que si Dios abrió el Mar Rojo para que pasara el pueblo de Israel en seco y salvarlo de Faraón, ya sabrá que hace para salvarme a mi, recuerden que Dios nunca abandona a sus hijos. ¡Oren por mi!

Eran casi las doce del día, la luz era perfecta, tal parecía que el tiempo se había detenido, no corría la mas mínima brisa, los árboles estaban inmóviles, ni una hoja se movía, gruesas gotas de sudor cubrían el rostro del Pastor, la camisa empapada se le pegaba al cuerpo,

Le parecía que los minutos volaban, ¿uno, dos, tres?, no sabía, cerró sus ojos … ¡BANG!, la claridad se volvió tinieblas, la noche se apoderó de todo y su negro manto se extendió sobre él.

Los ojos se le hundían en un abismo, los párpados eran como enormes puertas de hierro que apenas podía levantar dejando solo una pequeña abertura por la que pudo ver frente a él una cama con sábanas muy blancas, se percató de que estaba sentado en un sillón de ruedas y una faja de tela lo sostenía por el pecho, trató de mover las manos pero no pudo, los pies pero tampoco, comprendió entonces que estaba inmóvil del cuello hacia abajo, miró a su alrededor y no había nadie, estaba solo, trató de gritar pero la voz se ahogó en su garganta, - ¡Dios mío! – pensó en medio de su desesperación, - estoy inválido, ¿Qué me sucedió? –miró hacia su derecha y al verse en un espejo comprendió lo que había sucedido.

El disparo había fallado y en lugar de darle en la cabeza le había destrozado la cervical, el vendaje en el cuello así lo indicaba, trató con tosa su fuerza de mover alguna parte de su cuerpo, pero nada sentía, su cuerpo estaba muerto y ahora ¿que iba a hacer?, estaba solo ¿y Maritza dónde estaba?, ¿qué tiempo llevaba en aquel lugar? ¿y su hijo, y su madre, acaso todos lo habían abandonado? ¡Dios mío que agonía tan terrible!, dos lágrimas brotaron de sus ojos y corrieron por sus mejillas.

Un largo silbido lo hizo girar la cabeza … allá, al lado de la piedra, enarbolando el pañuelo blanco en la punta de su fusil se encontraba el Francotirador … ¡entonces!, estaba ¡VIVO!, todo había sido un lapsus menti, una pequeña pesadilla. ¡SI ESTABA VIVO!.

Tuvo deseo de llorar, pero se contuvo, aun quedaba la esperanza, la confianza en aquel Dios que con tanta fe él había predicado, antes de cinco minutos debía terminar todo aquello, su mente se debatía en un mar de confusiones, y se preguntaba-

- ¿y si sucedía lo que imaginó? – de nuevo se vio postrado en una silla de ruedas con hedor a orine y a heces fecales, y la idea lo aterrorizó.

Y allá, al lado de la enorme piedra se hallaba el francotirador recostado a los restos secos de lo que quedaba del árbol donde años atrás encontraron al ahorcado, - levantó el fusil lentamente y a través del telescopio acercó el rostro sudoroso de Ernesto, pensando ver el pánico reflejado en su expresión, pero no era así, aquel mas bién parecía el rostro de un niño que no lograba entender lo que estaba ocurriendo. Bajó el arma y en su rostro se dibujó una sonrisa de triunfo. "el disparo tenía que ser perfecto, la claridad era total, no corría brisa alguna, pensó: - le voy a meter el plomo entre los dos ojos y le voy a volar los sesos.

A su mente acudieron recuerdos de hombres que había liquidado sin el menor remordimiento, Chicho, conocido como "El Carnicero" por la forma brutal en eliminaba a sus enemigos, a este lo estuvo esperando por dos horas en el Billar de Angelito y en cuanto hizo su entrada sacó su pistola y delante de todos le metió un balazo entre los dos ojos, el carnicero era guapo, pero fue muy lento. Y Filiberto, mas conocido por "Guancho", que tenía fama de valiente, en el bar de Guadalupe cuando le dijo - "Defiéndete" – y no se atrevió siquiera a mover las manos y se echó a llorar, y a pesar de todo le puso la pistola en la cabeza y ¡BANG!, le disparó en la sien derecha llenando de sangre el mostrador y los vasos que había sobre él. Así fue recordando uno a uno a todos aquellos que cayeron ante sus armas.

Levantó de nuevo el fusil y otra vez aquel rostro muy cerca de él por la magia del telescopio, entonces se percató de algo que antes no había razonado; "jamás le había dado la más mínima oportunidad a ninguno", ¿qué le estaba sucediendo hoy?, miró su reloj, le quedaban tres minutos y medio, luego pensó; -

- "Bueno, este hombre no es igual, no es capaz ni de matar una mosca y los otros también querían matarme.. realmente este es el dinero mas fácil que voy a ganar y todo por matar una paloma y amarrada"- acomodó el pie derecho que se le estaba entumiendo, mientras bajaba el fusil.

A su mente llegaron algunas estrofas de las que estaban cantando cuando llegó al lugar y sin darse cuenta comenzó a repetir;

Miró el reloj de nuevo y una expresión de contrariedad le oscureció el rostro, solo le quedaba un minuto y medio, tenía que actuar con calma, pero sin demora, levantó el fusil tal vez con la esperanza de que el Pastor ya no estuviese allí, pero se equivocó, no solamente se mantenía allí, sino en un acto de suprema FE y de confianza en el Dios que predicaba y seguro de que solo ÉL podía cambiar las cosas, giró su cuerpo hasta situarse completamente de frente a él y el noble pecho y su amplia frente le ofrecían un blanco perfecto.

¿Qué había cambiado en Ernesto?, por su mente pasaban imágenes de hechos narrados en la Biblia donde la FE y la confianza en Dios habían sido determinantes y recordó aquella frase tantas veces repetida por él; - "Mira que te mando que te esfuerces y seas valiente, no temas ni desmayes, por que Jehová tu Dios estará contigo en donde quiera que vayas".

- Señor Jesús, - dijo Ernesto en voz alta - hágase tu voluntad.

El francotirador que lo estaba observando abrió los ojos en un gesto de incredulidad y asombro, bajó el fusil en un movimiento involuntario y pasó su mano izquierda por la frente para apartar el sudor que la cubría, ahora era él quien no entendía lo que ocurría, pero lo que no sabía era que lo esperaban nuevas sorpresas, levantó el fusil y al observar por el telescopio, de sus labios brotaron estas palabras.

- Pero este hombre está completamente loco, ¿qué le está pasando?, viene caminando hacia mi, le voy a meter la bala entre los ojos.

Miró el reloj, ¡solo le quedaban treinta segundos!, ahora era él quien sudaba, en sus manos húmedas el fusil resbalaba, y ¡como pesaba! Sus ojos se empañaron, trató de secárselos con las mangas de la camisa. Recostó el fusil en su hombro derecho y buscó la figura, que de frente, avanzaba hacia él, apoyó el codo del brazo izquierdo en su rodilla del mismo lado, el pulso le temblaba y no había la misma firmeza de siempre en sus manos. Vio el rostro de Ernesto donde una ligera sonrisa se dibujaba, mientras sus manos abrían la camisa dejando el pecho desnudo, mientras una ligera brisa que comenzaba a soplar la hacia flotar, luego extendió sus brazos hacia lo alto en espera de la bala que le

iba a segar la vida mientras murmuraba esta frase que era llevada por el viento;

- El Señor es mi Pastor, nada me faltará, en lugares de delicados pastos me hará descansar".

Tres segundos, un profundo sollozo brotó del poderoso pecho del Francotirador, las lágrimas nublaron sus ojos, un grito salió de su garganta mientras apretaba el gatillo del arma homicida. ¡NOOOOOO!

¡BANG!

El eco del disparo retumbó como un cañonazo en medio del silencio, la bala se perdió inofensiva en medio del cielo azul mientras el gigante caía de espaldas a la tierra.

Ernesto llegó hasta él y sintió compasión de aquel que unos minutos antes quiso quitarle la vida sin una razón y ahora estaba allí, arrodillado con el rostro pegado a la tierra mientras sollozaba como un niño. Esperó unos minutos y luego lo tomó por los hombros y lo ayudó a levantarse, tenía la frente y las mejillas sucias de la tierra y las lágrimas … estaba vencido …¡Cristo había ganado la batalla!.

Ayudándolo por los brazos lo recostó a la roca que había servido de base decenas de años atrás para que un hombre se quitara la vida. Una vez más se había confirmado que Dios no abandona a sus hijos. Pero aun, su labor no había terminado, con el eco del disparo se produjo un deslizamiento de tierra dejando al descubierto una grieta detrás de la roca, si allí había una cueva que durante años estuvo oculta tras la enorme piedra.

Varios meses mas tarde comenzaron las excavaciones para extraer de las entrañas de la tierra el oro que le había costado la vida a tres de sus antecesores, dirigía la obra un hombre de unos treinta años, alto, muy alto, de fuerte complexión física, bigote negro bien arreglado y abundante cabellera negra, llamado Esteban Montenegro, recientemente denominado Misionero Evangelista por el concilio de la Iglesia a la que pertenecían Ernesto y su familia.

¿Y qué había sucedido con los Argueda?. Dicen que el Francotirador ese mismo día del duelo se fue hasta la mansión donde se encontraban reunidos Don Apolonio y sus tres hijos esperando la noticia de la muerte del Pastor, mientras bebían celebrando el acontecimiento que les proporcionaría obtener la finca de los Ugarte. Al escuchar el ruido del jeep que se detenía frente a su casa los cuatro salieron al amplio portal.

El Francotirador bajó del vehículo y avanzó hacia la reja que había a la entrada de la casa, la abrió y apoyó su pie izquierdo en el escalón que daba acceso al portal, levantó el fusil y uno a uno fue apuntando a la cabeza de los cuatro, luego lo bajó y sin esperar palabra alguna pronunció unas breves frases.

Señores, tiene veinticuatro horas para abandonar este pueblo para siempre, si mañana a esta hora encuentro a alguno de ustedes, puede darse por muerto. ¡AH! Y no quiero escuchar la voz de ninguno de ustedes, pues me haría apretar el gatillo.

Esa fue la última vez que, Esteban Montenegro, el Francotirador, tomó el fusil en sus manos.

Hoy, frente a la casona de los Ugarte, se levanta una hermosa Iglesia como testimonio de un gran duelo entre dos ideas, la del bien y la del mal, donde la del mal fue ganada por el bien.

Y en lo más alto de esta Iglesia se podrán leer para siempre estas hermosas palabras;

¡GRACIAS JESUS! ¡GRACIAS DIOS MIO!

Autor Roberto Díaz

SORPRESA EN EL SUPERMERCADO

Un hombre recién llegado a los Estados Unidos, entró por primera vez con su tía a un Super Mercado de Miami, su vista se recreó mirando los anaqueles y el órden con que estaban organizadas todas las cosas, no dejaba de asombrarse ante el enorme surtido de productos. "Allí si había de todo"., ahora comprobaba con sus propios ojos lo que le habían dicho muchas personas que habían estado de visita por acá

La limpieza era total, los empleados todos limpios y uniformados lo saludaban con una sonrisa en los labios como si lo hubiesen conocido de siempre, cuando pasaron por el departamento de frutas y productos del agro, vio que una persona dejaba caer una fruta al piso y seguía su camino como si no hubiese pasado nada, el hombre se agachó recogió la fruta y la puso en su espacio, mas adelante vio un tomate también en el piso e hizo lo mismo, la tía al darse cuenta le dice.

- Mira sobrino, no recojas mas cosas del piso, para eso le pagan a los empleados y además te pueden llamar la atención.

- Ah tia, no sabía

- Pues te lo digo para que lo sepas.

Dias mas tarde volvieron al mismo Super Mercado y las mismas escenas de descuidos volvieron a repetirse, por doquier veía como las personas tomaban los productos y después lo dejaban en cualquier parte, realmente aquello lo molestaba, y otras muchas veces se detuvo para recoger productos del piso y ponerlos en su lugar, de nuevo la tía le llamó la atención y ella misma dejo caer una bolsa de papas a propósito para que el sobrino las dejara en el piso, pero él no se pudo aguantar y también recogió las papas que la tía había dejado caer.

Ella le increpó.

- Mira si sigues así no vienes mas conmigo al mercado, te van a llamar la atención y hasta te pueden acusar de que estás tirando las cosas en lugar de recogerlas. ¿tu no sabes que aquí hay cámaras por todas partes y lo ven todo?

El sobrino le contestó,

- Mira tía, a mi no me importa si me llaman la atención, pero es un abuso y una falta de respeto estar tirando las cosas al piso, a mi no me esnseñaron así, recuerdo que la maestra a veces dejaba caer algo disimuladamente para ver como reaccionábamos los alumnos, y siempre mas de un varón, nos levantábamos para recoger lo que había en el piso.

En ese momento llegó una empleada y le dijo;

- Señor, usted me puede hacer el favor de acompañarme a la oficina un momento, el Gerente quiere hablar con usted.

al ver la actitud autoritaria de la empleada, la tía le dice.

- Ves lo que te dije, ya te buscaste un problema y a mi también.

El hombre bajó la cabeza y acompañó a la empleada, la tía se quedó en suspenso pues pensaba que iban a llamar a la policía por causa de su sobrino.

Al poco rato salió el hombre y la tía en medio de su confusión le preguntó;

- Te van a acusar de algo, que te dijeron? contesta.

- Ay tía no te imaginas lo que sucedió allá adentro, estoy muy asustado, allí estaba el dueño de este y de otros Supermercados en la Florida me dijeron que desde el primer día me vieron recogiendo las cosas del piso, y sabes que?

La tía muy alarmada le dice:

- Ves, yo te lo advertí, que te ibas abuscar un problema. ¿Te van a acusar de algo?

- No tía, me propusieron que empezara esta misma semana como Manager de cualquiera de los Supermercados, que van a abrir nuevos, que escogiera yo mismo el que mas me gustara, luego me van a llevar a recorrerlos todos. ¿Que tu opinas tía?.

DICIEMBRE 15

Viernes 15 de diciembre de 1955, dos pequeños gladiadores suben al ring, son apenas dos niños de 15 y 17 años respectivamente.
El anunciador hizo las presentaciones de rigor;

- En la esquina roja, CARLOS HERNANDEZ, con 104 libras, en la esquina azul, con 103 libras, PEDRO CORRALES.

Los dos pequeños saludaron al publico y marcharon a sus respectivas esquinas
El referee llamó al centro del ring a ambos contendientes y les dio las instrucciones pertinentes. Les palmeó las espaldas y les dijo:

- Suerte, y que gane el mejor.

Al sonido de la campana fueron al centro del ring, por primera vez en sus vidas se veian aquellos pequeños y los ojos de ambos se clavaban en las pupilas del contrario, con la rapidez del rayo, Pedro atacó con una andanada de golpes que llevó al contrario contra las cuerdas pero el sonido de la campana detuvo la golpiza.

Suena de Nuevo la campana y se repiten las acciones del primer round el golpeo de Pedro aunque efectivo no afecta lugares vulnerables del contrario, este ataque despiadado lo hace perder velocidad y pronto llega el agotamiento, suena otra vez la campana y aunque no había recibido golpes de importancia, sin embargo Pedro estaba completamente agotado. De Buena gana se hubiese quedado sentado en su esquina cuando sonó la campana. Pero era el ultimo round y habia que echar el resto.

De pronto, sin percatarse siquiera de haber recibido el golpe, Pedro pierde la noción de todo, las luces le dan vueltas, trata de levantar los brazos para evitar los golpes, pero le pesan demasiado, tal parece que los guantes están llenos de plomo, el carnaval de golpes no se detiene, trata de no caerse y solo lo sostiene el coraje, de pronto, silencio absoluto, siente un brazo sobre sus hombros que lo lleva hasta su esquina, no sabe que ha sucedido, lo llevan hasta la ducha y sin quitarse el short y las zapatillas abre la llave y el agua fria lo despierta, está todavía semiinconsciente, ya en el camerino le pregunta a uno de sus compañeros;

- Mondejar, ¿quien ganó?
- Perdiste compadre, no hiciste nada en el tercer round y ya la pelea estaba de tu parte.

HAN PASADO 60 AÑOS

Martes, 15 de diciembre de 2015, La Iglesia está abarrotada, es el cumpleaños de uno de los miembros mas antiguos de la congregación y el resto de sus compañeros le quieren celebrar sus 77 aniversario. El homenajeado es llamado al pulpito y le cantan FELIZ CUMPLEAÑOS, le dan la palabra para que exprese su agradecimiento y pausadamente dice:

- Estoy muy agradecido de DIOS, por que me ha dejado llegar a esta edad, sobre todo manteniendome en sus caminos y con mucha salud, que es muy importante y les voy a confiar algo, desde que tengo uso de memoria cada año, el día de mi cumpleaños he recibido una sorpresa, la primera vez fue mi primer triciclo, luego una bicicleta y asi sucesivamente hasta el dia que cumplía 17, fue allá en Bauta, mi pueblito natal, ese día en la noche yo iba a celebrar mi primera pelea, mi contrario se llamaba Pedro Corrales, me gustaba mucho el boxeo y queria ser campeón, allí recibi la sorpresa de los 17, conocí a mi actual esposa con la cual llevo ya 55 felices años, la pelea la gané, pero si mal terminó mi contrario, mas mal estaba yo, realmente fue una pelea sangrienta, la recuerdo como si fuera ahora, y aquella pelea determinó que mi camino no era el boxeo, aunque me gustaba y no tenía miedo, pero aquella chiquilla que había conocido esa noche en el gimnasio me conmovió con sus palabras me habló del amor de DIOS, del sacrificio de JESUS para salvarnos a todos y despues de unas cuantas peleas mas, me retiré.

- Les cuento que para mi no es una sorpresa esta fiesta, ya lo sabía, asi que por primera vez en todos mis años, esta va a ser la primera oportunidad en que no recibo una sorpresa un día como hoy.

De pronto entre el público presente se levanta un hombre ya entrado en años y pide la palabra,

- Carlos, vine invitado por unos amigos, no sabía de quien era el cumpleaños, pero eso no es lo importante, dices que hoy no has tenido ninguna sorpresa, pues te afirmo que si la vas a tener, mi nombre es Roberto Díaz, pero la noche del 15 de diciembre de 1955 yo peleé contigo con el nombre de Pedro Corrales.

Roberto se acercó al púlpito y por segunda vez en la vida sus ojos se encontraron de Nuevo, pero ya no eran aquellos niños dispuestos a golpearse violentamente, se miraron frente a frente pero en lugar de guantes para pelear, cada uno llevaba en sus manos una Biblia.
Se abrazaron pero esta vez no hubo contienda.

BREVE HISTORIA DE MAGALY GARCIA

Durante varios años estuve colaborando con Magaly García, Cantante y conductora de la radio y a la vez anima y conduce un club de solteros en Miami. Quiero en esta ocasion referir un hecho en el cual tuve participación sin ser el actor principal de este pequeño drama.

Todo comenzó en una tarde de domingo, estando yo al cuidado de la puerta del Club de Solteros, cuando alguien me pidió que lo acompañara hasta un auto de lujo que estaba parqueado fente al Club, El oscuro cristal de la ventanilla de la puerta trasera del auto bajó lentamente y un hombre de grandes espejuelos de sol y sombrero gris que no me permitían apreciar su rostro, me conminó a entrar, lo cual hice dando la vuelta al auto.

El hombre, muy cortesmente me dijo:

- Me han dicho que usted es Poeta, - traté de contestarle que no era cierto, que yo era un desconocido que escribía de vez en cuando algunos versos, pero no me permitió siquiera abrir la boca y continuó:

- Yo le voy a pagar para que usted me haga unas poesías dirigida a Magaly García, pero eso no lo puede saber nadie mas que usted y yo. Para que sepa algo mas de lo que quiero de usted, puede decir en los versos que desde hace mucho tiempo estoy enamorado de ella, pero por razones que muy pronto conocerán no me atrevo a decirle personalmente lo que siento por ella.

- Escriba usted lo que quiera acerca de este amor tan loco, que me está quemando el alma. Cada semana usted me entregará una poesía, yo la revisaré y si estoy de acuerdo se la haré llegar a sus manos para que usted se la entregue a Magaly y recibirá una Buena retribución, pero recuerde, nadie podrá saber de mi, ni usted mismo por que seré yo quien lo contacte. Ahora dígame si está de acuerdo y aqui tiene estos cien dolares por haberme escuchado.

Por supuesto que le dije que aceptaba y esa misma noche escribí la primera poesía.

A MAGALY GARCIA

Hoy vi a Magaly García
Bella entre bellas mujeres
De pintarla pediría
Prestado a DIOS sus pinceles.

Esta belleza sin par
Como la describe el bardo
No la podría pintar
Tan bella, el mismo Leonardo.

DIOS le hizo sus cabellos
Con absoluto control
Se lo hizo con destellos
De rayos de luz del sol.

Sus ojos, ascuas de Luz
Contemplarlos da alegría
Los hizo el Señor Jesús
Para iluminar el día.

Dos arcoiris de luto
Sus cejas por negras son,
Ellas también son el fruto
Del DIOS de la creación.

En su rostro todo es arte
Hecho de forma sencilla
Y sus labios forman parte
De la octava maravilla.

Se que en Magaly no cabe
El orgullos de grandeza
Pues ella misma no sabe
Lo inmenso de su belleza.

El miércoles siguiente recibí una llamada y ante mi respuesta positiva, el misterioso personaje se apareció y luego de recibir en un sobre mi poesía, se despidió de mi y solamente me dijo:

- Espere mi respuesta - y se marchó.

El domingo en la mañana se apareció el chofer y me entregó un sobre sellado que contenía una nota, la poesía y un efectivo, batante generoso por cierto, la nota decía; "entréguele la poesía a Magaly y dígale que es de un admirador suyo, y quiero la próxima poesía para el miércoles. Cuando Magaly llegó al Club, le entregué la poesía, pero ella pareció no darle mucha importancia.

El lunes por la tarde me di a la tarea de escribir la segunda poesía, pero nada se me ocurría, sobre todo por que no podía hacer mío aquel drama que no me pertenecía y fue entonces que me dije.- Tengo que enamorarme de esta idea y vivirla dentro de mi y asi fue que salieron estos segundos versos, por que también los sufrí.

DESDE QUE MAGALY EXISTE

Quiero en esta poesía
Contar una historia triste
Lo que sufre el alma mía,
Desde que Magaly existe.

De ella vivo enamorado
Y me quemo en esa llama
Y lo mantengo callado
Por que se que no me ama.

Soy un pobre peregrino
Que ama en silencio una Estrella
Pero yo se que el destino
Mas y mas me aparta de ella.

Cuando pienso en su sonrisa
Lágrimas vierten mis ojos
Me seco el rostro de prisa
Para no ver mis despojos.

Su voz musical me llena
De alegría y de contento
Aunque me mata la pena
Echo mi dolor al viento.

Es tan profunda mi pena
Que olvidarla no consigo
Sufro por saberla ajena
Lloro por no ser su amigo.

A DIOS con dolor imploro
Que la aparte de mi mente
Abrazo mi almohada y lloro
Hasta quedar inconciente.

Como había quedado en recoger la poesía el miécoles, asi lo hizo, llegó al lugar a la hora exacta y de Nuevo, sin bajar del auto y sin dejar que le mirara el rostro, abrió la ventanilla, me saludó cortesmente, recogió el sobre y me dijo:

- El domingo sabrás de mi.

Ese domingo en la mañana se repitió la misma escena del anterior con el encargo de una nueva poesía.

Debo aclarar que cada domingo yo le entregaba las poesías a Magaly y aunque ella me preguntaba y a pesar de la Amistad, el cariño y el respeto que sentía por ella yo cumplía con mi palabra de no decirle nada a ella, además eso era verdad, pues siempre que vi al hombre se mantuvo dentro del auto con sus enormes espejuelos oscuros y el sombrero que no me permitian definir su rostro.

Como yo realmente me había enamorado de la idea y me parecía una novela que se vivía cada domingo pues me resultaba mas fácil esta tercera poesía, por que la belleza de Magaly merece eso y mucho mas, asi que el siguiente miércoles ya tenía preparada la poesía.

DESDE MI RINCON OSCURO

Soy admirador de aquello
Que me llame la atención
Y cuando veo algo bello
Le busco comparación.

Si un Zun Zun veo en su vuelo
Mi fantasía se ilumina
Lo comparo al arroyuelo
De agua pura y cristalina.

Pero hay alguien que no puedo
Hallarle algún parecido
Compararla me da miedo
Y me declaro vencido.

A quien puedo compararte,
Magaly del alma mía
Si tu belleza y tu arte
Aumentan mas cada día.

Yo vi pinturas famosas,
Vi princesas y vi esclavas
Vi estrellas y mariposas
Pero tu las superabas.

Tu eres la perfección
Obra de Madre Natura
Eres poema y canción
Eres razón y locura.

Yo no me canso de amarte
Y con tristeza te juro
Que me conforta mirarte
Desde mi rincón oscuro.

Las mismas escenas se repitieron el miércoles y domingo siguientes y siempre a la misma hora y el mismo encargo. Pero este domingo llegó muy agotada y luego del saludo habitual me contó que no había tenido tiempo ni para arreglarse y yo, por supuesto le entregué la poesía y se retiró para leerla a solas, cuando se acercó a mi, vi que la expresión de su rostro había cambiado, parecía a punto de llorar y me dijo:

-   Todavía no me puedes decir quien me manda esas poesías.

Le contesté;

-   Magaly, realmente no se quien es esa persona.

Y pensando mas tarde en el cansancio que me confesó, me salieron estos versos.

COMO LA PALMA REAL

Ni la vida te ha vencido
Ni el cansancio te hace mella
Magaly, tu siempre has sido
Y eres la mujer mas bella.

Dijiste estar agotada
Pero yo he visto otra cosa
Que estando desarreglada
Te ves mucho mas Hermosa.

Tu belleza es natural
Y te adorna tu carisma,
Tu, como la Palma Real
Eres bella por ti misma.

Tus ojos me han cautivado
Tu sonrisa es mi delirio
Y tenerte a ti a mi lado
Ese es mi mayor martirio..

En el alma siento frío
De tanto seguir tu huella.
Perdón te pido DIOS mío
Por solo pensar en ella.

No voy a narrar lo que ya todos conocen, sino, la última conversación que sostuvimos, donde me planteó que:

Le dirás en la próxima poesía que siento envidia de todas las personas que ella amó, pero que nunca conocerá a alguien que la ame como la pude amar yo, por que el mío es un amor para la eternidad.

AMOR HASTA LA ETERNIDAD

En Marianao hay tristeza
Desde que tu te marchaste
Por que eras la belleza
Que sus calles adornaste.

Mas de un fiel enamorado
Perdió también su alegría
Aunque algún esperanzado
Espera verte algún día.

Como te podrá olvidar
Quien en silencio te amó
Y al pasar frente a tu hogar
Llorará lo que perdió.

Magaly, yo me imagino
Muchos quisieron tu amor
Pero se encargó el destino
De arrebatarles la flor.

Eres la flor y eres eso
Que da alegría sin medida
Eres canción, eres beso
Eres manantial de vida.

Amo tu barrio sin verlo
Y en mi amarga soledad
Yo soy tu novio, sin serlo
De ayer, a la eternidad.

El próximo miércoles y domingo se repitieron los sucesos, siempre con la aprobación del desconocido y con la última poesía y la gratificación también venía una dirección una llave y una nota que decía:

- Roberto, estimado amigo quiero expresarte que en cada poesía reflejabas realmente lo que yo quería, pero como al fin comprenderás muy pronto, para mi era imposible hacerlo en versos. El próximo miércoles te invito a que lleves a Magaly a la dirección que va en esta nota y con la llave abren la habitación que les señalo.

- No temas amigo mío, allí sabrán quien soy.

Aunque tras alguna resistencia pude convencer a Magaly para que me acompañara a tan extraño encuentro. ¿que poría suceder, si en definitiva aquel hombre se había portado como un caballero en todo momento?

Llegamos el día y a la hora señalada, a pesar de que perdimos unos minutos para dar paso a una carroza fúnebre acompañada de un séquito de militares uniformados que rendían tributo al cadáver que llevaban hasta su última morada.

Una señora con ojos llorosos nos abrió la puerta y sin decir palabra nos condujo hasta la puerta que debíamos abrir con la llave que nos había hecho llegar el misterioso hombre.

Una vez ante la puerta, Magaly dudó y me dijo;

- Roberto tengo miedo, no se que vamos a encontrar ahi dentro.

- No te preocupes. – le contesté y abrí la puerta lentamente.

Ambos nos quedamos paralizados ante la escena que se ofrecía a nuestra vista, sobre una lujosa cama bellamente adornada para una noche de Luna de Miel, a un lado, un costosisimo vestido de novia blanco como la nieve, cuidadosamente extendido en toda su magnitud y en la parte superior encima de los hombros una de las mas hermosas fotos de Magaly con su eterna sonrisa, a su lado, como una pareja que se cuentan sus amores, un traje de gala de hombre y sobre lo que debía ser su rostro y su cabeza, unos lentes oscuros y un sombrero, aquel sombrero que ya conocía bien, sobresalía de la manga derecha del saco, la prótesis de una mano, en la solapa, al lado izquierdo varias medallas de las que se otorgan a los militares que se destacan en acciones de Guerra por su heroism y muy ceca de la cama un sillón para impedidos físicos y sobre el sillón una cruz de madera con una nota que decía TE AMO HASTA LA ETERNIDAD..

F I N